Voyage au Viêt Nam avec un voyou

Du même auteur

Le chant des bélugas, roman, Éditions Vent d'Ouest, 1995.
Nuits d'Afrique, roman, XYZ éditeur, 1997.

Alain Olivier

Voyage au Việt Nam avec un voyou

Récit

XYZ
éditeur

Catalogage avant publication de Bibliothèque et Archives nationales du Québec et Bibliothèque et Archives Canada

Olivier, Alain, 1963-

   Voyage au Viêt Nam avec un voyou : récit

   ISBN 978-2-89261-514-2

   1. Olivier, Alain, 1963- — Voyages — Viêt-nam. 2. Viêt-nam — Descriptions et voyages. 3. Viêt-nam — Mœurs et coutumes — 21e siècle. I. Titre.

DS556.39.O44 2008   959.704'4   C2008-940336-3

La publication de cet ouvrage a été rendue possible grâce à l'aide financière du ministère du Patrimoine canadien par l'entremise du Programme d'aide au développement de l'industrie de l'édition (PADIÉ), du Conseil des Arts du Canada (CAC) et du ministère de la Culture et des Communications du Québec (MCCQ) par l'entremise de la Société de développement des entreprises culturelles (SODEC).

XYZ éditeur
1781, rue Saint-Hubert
Montréal (Québec)
H2L 3Z1
Téléphone : 514.525.21.70
Télécopieur : 514.525.75.37
Courriel : info@xyzedit.qc.ca
Site Internet : www.xyzedit.qc.ca

et

Alain Olivier

Dépôt légal : 1er trimestre 2008
Bibliothèque et Archives Canada
Bibliothèque et Archives nationales du Québec
ISBN 978-2-89261-514-2

Distribution en librairie :

Au Canada :
Dimedia inc.
539, boulevard Lebeau
Ville Saint-Laurent (Québec)
H4N 1S2
Téléphone : 514.336.39.41
Télécopieur : 514.331.39.16
Courriel : general@dimedia.qc.ca

En Europe :
DNM – Distribution du Nouveau Monde
30, rue Gay-Lussac
75005 Paris, France
Téléphone : 01.43.54.49.02
Télécopieur : 01.43.54.39.15
www.librairieduquebec.fr

Droits internationaux : André Vanasse 514.525.21.70, poste 25
andre.vanasse@xyzedit.qc.ca

Conception typographique et mise en pages : Édiscript enr.
Maquette de la couverture : Zirval Design
Photographie de l'auteur : Anna Cividino
Photographie de la couverture : Anna Cividino

Remerciements

Aux Vietnamiens et Vietnamiennes, sans qui rien de tout cela n'aurait été possible.

À Daniel, qui n'a rien d'un voyou.

À Anna, qui a consenti à jouer un rôle effacé dans ce récit, malgré celùi de premier plan qu'elle a eu au cours de notre voyage, et qu'elle continue de jouer dans nos vies.

Et avec une pensée pour mon père, qui — il ne faut pas se fier à ce récit qui comporte aussi son lot de mensonges — était fort différent de celui que j'ai inventé pour les besoins de la cause. Car mon père ne me tournait jamais le dos et me regardait bien en face. Et si je chemine le plus souvent derrière, c'est que j'aime fermer la marche pour pouvoir me balader tranquillement, sans me presser, à mon propre rythme.

À Daniel et Anna,
grâce à qui tout n'est pas vain

L'Asie engage ceux qu'elle aime à sacrifier leur carrière à leur destin. Cela fait, le cœur bat plus au large, et il y a bien des choses dont le sens s'éclaire.

NICOLAS BOUVIER,
L'usage du monde

Prologue

J'ai toujours vu mon père de dos. Il marchait à grandes enjambées pleines d'aplomb, sans jamais se retourner, et je le suivais de mon mieux, haletant, trébuchant parfois, courant pour ne pas me laisser distancer. Il avançait dans les taillis avec assurance, contournait sans difficulté tous les obstacles qui se dressaient sur sa route ; je m'enfargeais dedans. Apprenti sans talent, engourdi et maladroit, je n'arrivais même pas à emboîter comme il faut le pas à mon maître.

Aujourd'hui, c'est à mon tour d'avoir un enfant. Et, comme mon père avant moi, il m'arrive d'emmener mon fils dans mes promenades. Cependant, je le laisse chaque fois marcher devant.

Il n'en est pas peu fier. Il faut le voir ouvrir le sentier sur ses courtes jambes, d'une démarche chaque jour plus assurée, en chantonnant et le visage lumineux. De temps en temps, il jette un coup d'œil derrière lui, comme pour s'assurer que je suis bien là, à le voir aller, à le dévorer des yeux, à m'étonner, encore et encore, de sa belle énergie, de sa vitalité, de son enthousiasme, de sa soif insatiable de connaître toutes choses. Son regard croise le mien. Il me sourit.

Il me sourit et je m'attendris, une fois de plus. Je suis touché comme d'une flèche en plein cœur. Je ne saurais dire exactement quelle est cette émotion que l'expression de son visage éveille en moi. Je sais seulement qu'elle surgit d'une mer profonde, un peu têtue, triste parfois, mais aussi, en un moment comme celui-là, presque sereine : je suis heureux. Il m'aime, c'est évident, tant son regard est transparent, et je l'aime également, d'un amour viscéral. Mais ce n'est pas tout : je sens aussi, en cet instant précis, qu'il s'estime. Il a confiance en ses ressources. Il fait confiance à la vie. Il me vient même le sentiment que cela lui permettra peut-être un jour d'atteindre le bonheur. Et une telle possibilité me bouleverse.

Daniel regarde de nouveau devant lui et repart en sautillant. Il court, danse, gambade, vole au-dessus des pierres. Il grandit.

— Suis-moi, papa.

De nouveaux lieux, des coutumes différentes, une autre langue, des gens qui, jusqu'à hier encore, nous étaient totalement étrangers, cela s'apprivoise, me dit-il en substance.

Un jour, ces gens, ces lieux, ces coutumes deviendront même une part de nous. Ils feront partie de notre essence. Et l'on ne pourra plus nous en séparer sans nous arracher le cœur.

Le voyage

Il n'y a plus d'explorateurs. Que pourraient-ils bien explorer ? À l'aube de ce troisième millénaire où l'on change de continent en quelques heures, où la télévision trône dans tous les foyers de la planète, où la moindre parcelle de terre est cartographiée et « géo-référencée », il ne reste plus rien à découvrir. Il n'y a plus de forêt vierge, d'île déserte, de peuplade inconnue, de village si haut perché dans les montagnes que nul étranger, jamais, n'a pu y poser les pieds. On a navigué sur toutes les mers, nagé dans tous les lacs, arpenté toutes les plaines, gravi tous les sommets des plus hautes montagnes de la planète.

Est-ce à dire qu'il n'est plus possible de voyager ?

Nous faisons pour notre part le pari qu'il y a toujours de la place pour le voyage. Car si l'on peut aujourd'hui se rendre aisément jusqu'aux confins du globe, si l'on peut prendre en photo le plus inaccessible des paysages, on est loin d'en avoir fini avec le périple le plus ardu, mais aussi le plus gratifiant qui soit, qui nous ballotte sans cesse entre le connu et l'inconnu et nous apporte les plus belles réminiscences comme les découvertes les plus inattendues : l'interminable voyage au cœur de l'être humain.

Michel Déon se demandait, il y a déjà un demi-siècle, « où il faudrait aller maintenant pour ne pas ressentir cette impression de déjà-vu qui déflore tous nos plaisirs ». Devrions-nous succomber à notre tour à pareil désenchantement ? Cela serait bien triste. Il reste encore tant de mains à serrer, de sourires à échanger, de corps à presser contre soi, de lèvres sur lesquelles poser un baiser. Nous n'y renoncerons pas avant de les avoir embrassées toutes.

Premiers pas

Daniel tourne la tête derrière lui, nous jette à peine un coup d'œil, l'air de dire : « Suivez-moi ! », et s'engage dans l'étroit corridor qui mène à l'extérieur de l'aéroport de Hồ Chí Minh-Ville. Sa mère et moi nous efforçons de ne pas le perdre de vue tandis qu'il fend la foule qui se presse pour accueillir les voyageurs. Comment peut-il faire preuve d'une telle assurance et avancer en toute confiance dans ce monde qui lui est complètement inconnu ?

À voir les remous qu'il provoque, je dois pourtant reconnaître qu'il n'aurait aucune raison d'agir autrement : son irruption parmi les gens fait en effet la plus belle des sensations. On le reçoit avec des cris de joie. On lui sourit avec tendresse. On lui tend la main. Un peu plus et l'on croirait que ces centaines de Vietnamiens et de Vietnamiennes qui attendent avec fébrilité l'arrivée d'une sœur, d'un enfant, d'un ami se trouvent là, derrière les barreaux des clôtures amovibles qu'on a alignées pour calmer leur impatience, afin de célébrer la venue de leur héros. À l'instant, ton petit-fils m'apparaît d'ailleurs comme le type de héros parfait pour ce pays que je ne peux imaginer autrement que meurtri par la guerre : qui de mieux qu'un enfant, en effet, pour panser nos blessures et nous faire oublier, l'espace d'un cillement, tous les affronts qui ont été infligés, dans le cours de notre vie, à notre dignité d'être humain ? Qui de mieux qu'un être qui n'a rien perdu de sa bienveillance naturelle et ne connaît pas encore les préjugés de ses parents pour nous faire croire, ne serait-ce qu'un instant, que l'avenir sera bien plus radieux que tout ce que notre existence passée nous a appris que nous pouvions raisonnablement espérer?

Une dame qui a ton âge, sans doute une grand-mère comme toi, toute menue, à peine plus haute que lui qui n'a pourtant que onze ans, les lèvres écartées autour d'un trou béant qui n'enlève toutefois rien à l'éclat de son sourire, tâche de lui prendre la main, de toucher son bras, sa peau blanche, ses cheveux clairs. Elle s'émerveille encore devant le miracle de la vie, alors que moi, qui suis cent fois plus riche qu'elle, je ne lui accorde plus, le plus souvent, qu'une moue désabusée, le rictus désolant d'un homme qui se complaît dans le cynisme alors qu'il a pourtant toujours été gâté par l'existence. Or, devant la bonté des sentiments qu'elle éprouve envers lui, comblée qu'elle est du bonheur sans nuages qu'entraîne sa simple présence, Daniel a la seule réaction que l'on doit attendre d'un être humain qui se respecte: il accepte sans hésiter le présent qu'on lui offre et se montre généreux en retour. Il sourit, tout simplement, les yeux rayonnants d'une joie sincère, et salue la vieille dame d'un geste timide de la main.

Je le revois aussitôt, quelques jours auparavant, en compagnie de son grand-père maternel. Je le « reconnais », devrais-je plutôt dire. Dans un petit centre de soins de longue durée, au milieu de gens dépossédés peu à peu non seulement de leur passé, mais aussi de leurs souvenirs — la signora Rossi caquetant sans cesse «Caterineta, Caterineta, Caterineta!», M\ :sup: Harper souriant d'un air béat, la bouche grand ouverte et les yeux fixés dans le vide, M\ :sup: Smith mâchouillant avec application son tablier, M\ :sup: Leblanc frappant à grands coups de poing sur le bras de sa chaise en poussant des hurlements déchirants —, alors que je détourne piteusement le regard, habité par la seule idée de m'en aller en ravalant ma honte de n'être d'aucun secours pour personne, lui se tient simplement aux côtés de son grand-père, la main doucement posée sur son dos comme pour lui signifier: «Tu peux avancer, grand-papa, n'aie pas peur, je suis là.» Et son grand-père se meut, il s'élance en avant, dans l'immensité de la vie qui palpite encore dans ses veines, embrassant d'un seul regard tout l'espace soudainement gigantesque qui s'étend devant lui. Puis, il sourit à l'enfant, et je réalise que c'est l'enfant, une fois de plus, qui a raison : la misère ne fait pas de nous des gens misérables. Si nous savions regarder comme il faut les plus pauvres d'entre nous, nous verrions en eux de la dignité plutôt que de l'indigence.

Je contemple cette belle aïeule qui dévisage mon fils avec tant de tendresse, puis lui souris. Son regard est lumineux. «Bonne arrivée !» Pendant une seconde, enfin, je m'émerveille.

Moi, mes souliers

Encore parti au bout du monde ! Tu dois parfois te demander ce qui a bien pu pousser ton fils aîné à voyager si fréquemment, si longuement, si loin de toi. À dix-sept ans, déjà, j'entreprenais le tour de la Gaspésie avec mon frère — mon seul ami —, qui n'avait alors que quinze ans. L'année suivante, nous nous attaquions à l'Europe. Pendant tout l'été, il t'a fallu apprendre à vivre sans tes fils. Tu savais bien que cela devait t'arriver un jour — on ne peut retenir toute sa vie ses enfants auprès de soi —, mais je comprends à présent que rien ne peut nous préparer à la douleur de voir partir ceux qu'on a mis au monde. Ce sont les parents qui ont du mal à couper le cordon ombilical, non les enfants, qui y aspirent ardemment.

J'y aspirais peut-être plus que d'autres. Avec le recul, je consens maintenant à avouer qu'il a pu y avoir, à la source de mes premiers périples à l'étranger, plus qu'un désir de découvrir le monde. Je fuyais sans doute aussi quelque chose, ceci, cela, trois fois rien, mais un trois fois rien qui m'empêchait d'être moi-même ou d'aller au bout de ce que je pressentais vaguement pouvoir devenir. Tu sais à quel point j'étais timide — une mère perçoit très bien ce genre de vérité —, à quel point j'avais de la difficulté à m'affirmer, mais, surtout, à aller au-devant des autres. Quand j'y pense, à présent, j'en suis tout étonné. Oh ! bien sûr, je ne me suis jamais totalement départi de ma timidité, mais elle n'a plus rien de maladif. Je me demande d'ailleurs d'où pouvait provenir une telle gêne. Tu aimes tellement la fréquentation des êtres humains — je dois tenir ce goût un peu de toi — que je n'arrive pas à saisir comment je pouvais être si peu sûr de moi quand il était temps d'entrer en contact avec mes semblables. En affirmant cela, je triche un peu, évidemment, puisqu'on finit tout de même, avec le temps, par comprendre un certain nombre de choses sur soi-même et sur ses proches, mais toujours est-il que ma timidité avait probablement peu à voir avec toi, à moins que certaines personnes ne t'aient déçue, qu'elles n'aient brisé en toi la confiance et l'enthousiasme qui te menaient tout naturellement vers les autres. De telles blessures finissent par guérir, fort heureusement, même si elles y mettent parfois beaucoup de temps, et je suis heureux qu'il n'en reste apparemment plus grand-chose, en deux mots de redécouvrir ma maman si belle aujourd'hui.

Je m'en vais donc, une fois de plus et, cette fois encore, nous emmenons avec nous ton petit-fils. Il en avait été ainsi quand nous nous étions envolés pour la France, mais Daniel n'avait même pas six mois à l'époque, si bien que tu n'avais pas encore eu l'occasion de t'attacher beaucoup à lui, d'autant plus qu'il ne se laissait pas apprivoiser aisément. Puis, nous avons résidé un an en Italie. Il avait sept ans, vous vous ado-riez déjà, et son départ t'avait fait bien de la peine, mais à tout le moins avais-tu pu nous rendre visite et passer quelques semaines en notre compagnie. Cette fois-ci, cependant, tu ne seras pas du voyage. Aussi t'écrirons-nous, lui et moi, afin que tu puisses suivre, ne serait-ce qu'à distance, le périple de ce petit-fils que tu aimes tant.

Nous aurions pu, évidemment, t'emmener avec nous. Cependant, je ne suis pas certain que tu parviendrais à te sentir vraiment à ton aise dans ce pays, même si j'ai le pressentiment que bien des choses que nous nous apprêtons à y découvrir te plairaient. À Venise, déjà, tu n'appréciais guère l'exiguïté des ruelles. Il te manquait peut-être le grand large qu'on a toujours devant soi sur les rives du lac Saint-Jean. Je dois aussi conve-nir avec toi qu'il n'est pas toujours facile de lutter contre nos peurs, même les plus irrationnelles, comme celle que t'ins-pirent les impasses sombres et étroites. Et puis tous ces gens, partout, que l'on ne connaît pas, à côté, devant, derrière nous, qui nous frôlent, nous bousculent, butent carrément contre nous ! Or, du monde, il y en a à foison au Việt Nam, d'après ce que nous pouvons constater jusqu'à présent, et il te faudrait vraisemblablement t'accoutumer à la foule avant de pouvoir priser une métropole comme Hồ Chí Minh-Ville.

Je n'aimerais pas non plus te voir affronter la saleté, le manque d'hygiène, les rats et les cafards. Je voudrais aussi t'épargner la pauvreté, la mendicité, éloigner de ta vue les enfants de la rue. Pourtant, je sais en même temps que tu arriverais sans doute bien mieux que moi à composer avec des personnes démunies, délaissées, meurtries, handicapées ou estropiées par la guerre. Il faut du cœur pour pouvoir le faire, et tu en as tellement. S'ils sont partout comme ceux que nous avons eu la chance de côtoyer depuis notre arrivée, tu aimerais donc d'abord les gens de ce pays. Il te plairait aussi de voir Daniel interagir avec eux. Il semble tellement à l'aise, déjà, que je me dis qu'il en viendra peut-être rapidement à se sentir un peu chez lui au Việt Nam, comme cela lui est arrivé en Italie. Il ne faut évidemment présumer de rien — c'est un pari risqué, j'en suis parfaitement conscient —, mais tu sais de quel matériau est fait ton petit-fils. Quoi qu'il en soit, c'est sur un tel espoir que se fonde notre voyage — cent jours en famille au pays des rizières, de la palanche et du dragon —, un espoir tout simple, celui de le regarder grandir, jour après jour, de l'autre côté de la planète, au milieu d'êtres humains qui nous sont aujourd'hui étrangers. Sois sans crainte, nous en prendrons bien soin. Il te faut comme nous apprendre à le laisser partir, petit à petit, pas à pas. Mais il te reviendra toujours, et tu ne regretteras pas de le retrouver chaque fois différent, mais toujours le même, peut-être seulement plus beau, plus fort et plus libre qu'auparavant.

Sài Gòn

Nous voici donc à Hồ Chí Minh-Ville. L'intraitable Sài Gòn. Certes, je n'y reconnais pas la ville dépeinte par les voyageurs du début du vingtième siècle. L'Indochine n'existe plus, la pipe d'opium est interdite et les pétarades des motocyclettes, ainsi que le bruit des klaxons, ont remplacé le roulement feutré des bicyclettes. Pourtant, il règne toujours dans la ville une atmosphère qui fait qu'elle ne ressemble à aucune autre. Quoi qu'il en soit, une chose est certaine : nous sommes bel et bien arrivés au bout du monde.

Il est pourtant difficile de te faire part de nos premières impressions tellement elles sont diverses et, parfois, contradictoires. Il y a les odeurs tropicales, bien sûr, qui nous ont saisis dès la descente de l'avion, la moiteur de l'air, aussi, et puis ce mélange de calme et d'animation, qu'on retrouve notamment dans cette circulation complètement folle et pourtant disciplinée. Il y a ces visages aux yeux bridés, partout, qui nous manqueront, je le sais déjà, à notre retour. Il y a les marchandes au chapeau conique fait de feuilles de latanier séchées, les étudiantes qui se rendent à l'école en motocyclette, ravissantes dans leur tunique de soie blanche, les cyclo-pousses, et puis toutes ces échoppes, ces petits commerces de toutes sortes, ces vendeurs ambulants.

Nous flânons quelque temps dans Chợ Lớn, le grand quartier chinois, pénétrons dans des temples et des pagodes où brûle de l'encens, puis admirons la cathédrale de pierres rouges de Toulouse, la poste centrale dont la charpente est l'œuvre de Gustave Eiffel, et l'hôtel Continental où Graham Greene situe l'action de plusieurs scènes de son magnifique roman : *The Quiet American*.

Puis, dans le marché Bến Thành, nous sommes assaillis par des vendeuses de t-shirts qui me prennent doucement le bras pour m'entraîner vers leur étal. Je proteste sans trop de conviction et fais le geste de les repousser. Mais elles s'accrochent de plus belle, sans rien perdre pourtant de leur délicatesse.

Ah ! ces mains caressantes sur mon avant-bras, à mon poignet, sur la paume de ma main ! À peine arrivé, et je suis ravi !

Le cyclo-pousse

Mais je brûle les étapes. Avant de te décrire Hồ Chí Minh-Ville, j'aurais dû te dire au moins un mot de nos premiers regards éveillés sur la ville, au cours de notre première matinée, puisque nous sommes arrivés tard dans la nuit.

À peine étions-nous installés à la table du restaurant où nous nous apprêtions à prendre notre repas inaugural, que deux hommes se sont mis à nous adresser, à travers la fenêtre, de grands gestes de sémaphore. Nous avons répondu à leurs signes en les saluant brièvement d'un mouvement de la main. L'un d'entre eux nous a alors montré un étal de jonques miniatures, et l'autre, son cyclo-pousse. Nullement effarouché, Daniel a aussitôt bondi à leur rencontre. Il a contemplé les modèles réduits d'un air émerveillé, puis a discuté quelque temps — comment faisait-il pour se faire comprendre ? — avec le conducteur de ce drôle de véhicule qu'il découvrait à l'instant. Cinq minutes plus tard, il revenait vers nous au pas de course, le visage rayonnant.

— On peut aller faire un tour de cyclo-pousse ? nous a-t-il proposé avec enthousiasme.

Nous hésitions. Ce moyen de transport revêtait en effet dans notre esprit un puissant relent colonial.

— S'il vous plaît !

Il ne tenait pas en place. Il était déjà prêt à partir.

— Mais non…, avons-nous mollement répliqué.

— S'il vous plaît, a-t-il insisté.

Il nous a fallu user de tout notre pouvoir de persuasion pour parvenir à calmer un peu son ardeur. Mais nous ne voulions pas non plus éteindre, dès le début de notre voyage, le feu qui l'animait.

— C'est d'accord pour demain.

— Youpi !

Il nous a embrassés en vitesse, rempli d'allégresse, et a couru retrouver le conducteur de cyclo-pousse, avec qui rendez-vous a été pris pour le lendemain.

Il fallait bien la force de conviction de Daniel pour nous persuader d'arpenter la ville à bord de ce singulier type de taxi. J'ai eu beau voir passer coup sur coup trois cyclo-pousses réquisitionnés par des Vietnamiens, le fait qu'un homme puisse me transporter à la sueur de son front me rendait vraiment mal à l'aise. Il me faudra lui confier que je suis moi aussi un cycliste, me suis-je dit. Cela me permettra de me déculpabiliser un peu. Dans mon for intérieur, cependant, je me doutais bien qu'il n'accorderait à ma confidence que fort peu d'importance. Car mon choix, rien ne sert de le nier, n'obéit pas comme le sien à la logique de la nécessité. Quand je pédale, je ne le fais pas pour me nourrir, en transportant des gens qui ne daigneraient jamais faire l'effort eux-mêmes : je ne pédale chaque fois qu'en toute liberté. Ce n'est pas tout à fait la même chose...

Des fèves au lard

Ton petit-fils adore les fruits et les légumes, ce qui n'est pas des plus fréquent chez les enfants de son âge. Son plat préféré, c'est une salade de « radicchio » et de roquette, assaisonnée simplement d'huile d'olive, de vinaigre balsamique, de sel et de poivre. Son grand-père le taquine parfois : « C'est des calories qu'il te faut ! » Aujourd'hui, Daniel paraît s'en souvenir, qui revient du buffet de l'hôtel où nous avons élu domicile pour nos deux premières nuits, et qui est probablement le seul où il aura accès à un menu de ce type pendant tout le voyage, avec une assiette que ne renierait pas le plus intraitable des Nord-Américains.

— Des « bines » pis du bacon, dit-il, enthousiaste, en s'assoyant.

Il avale une bouchée en vitesse.

— Juste des calories, ajoute-t-il, l'air comblé. Mon grand-père serait fier de moi !

Un récit

Une précision, d'entrée de jeu, afin de lever toute ambiguïté : dans ces quelques lettres que je te destine, il ne sera aucunement question de communisme, de capitalisme d'État ou de corruption des fonctionnaires. Je ne condamnerai ni la prostitution ni l'avarice, ou si peu. L'insalubrité et le manque d'hygiène ne seront pas soulignés. Non pas que tout cela soit nécessairement sans intérêt. Mais cet intérêt n'est pas le mien.

En fait, si je dois exprimer les choses telles qu'elles m'apparaissent, ce n'est pas vraiment du Viêt Nam que je t'entretiendrai dans ce récit. Il y sera plutôt question de notre voyage dans ce pays. Nuance… Qui plus est, ce voyage ne sera jamais vu qu'à travers le filtre de mes yeux, des yeux qui, je l'avoue, ont parfois tendance à magnifier ce qu'ils voient. Et puis, tout cela passera forcément par ma plume qui, le plus souvent, triche avec la réalité, quand elle ne la travestit pas tout à fait.

Il ne faudra donc pas t'étonner si le Viêt Nam que je te décris n'est pas celui que la plupart des gens connaissent. En cent jours, il me serait de toute façon impossible ne serait-ce que de commencer à comprendre les Vietnamiens et les Vietnamiennes. J'ai déjà de la difficulté à me saisir moi-même… Quoi qu'il en soit, nul ne pourra nier que ces derniers en savent beaucoup plus que moi sur leur pays et sur eux-mêmes. C'est donc à eux qu'il faut s'adresser pour comprendre le Viêt Nam ou, à la rigueur, à des voyageurs beaucoup plus sensibles que je ne suis capable de l'être.

Voir avec ses mains

Comment parcourir le Việt Nam sans céder à la tentation d'un massage asiatique ? Il faudrait entretenir un rapport au corps qui n'est certainement pas celui de mon fils. Dès qu'il a su que nous accepterions de le confier une heure à des mains expertes en la matière, il a voulu en bénéficier sur-le-champ. Son enthousiasme n'a pas été sans m'étonner un peu. Je sais bien sûr à quel point il apprécie la détente que lui procurent les massages de sa mère. Mais de là à se laisser manipuler par un inconnu, vingt-quatre heures à peine après avoir atterri dans un pays tout de même fort différent du nôtre…

J'ai aussitôt pensé à mon père. Le moins qu'on puisse dire, c'est qu'il ne m'avait guère préparé à de pareilles expériences. Je me demande d'ailleurs si je savais déjà, à l'âge de Daniel, ce qu'est un massage. Quand on se touchait, c'était généralement par inadvertance. Cela exigeait des excuses qui nous venaient tout naturellement. On touchait aussi pour frapper, repousser, corriger quelqu'un. Jamais pour caresser. Embrasser, donner l'accolade, serrer une personne dans ses bras sont des gestes qui m'étaient alors inconnus. Je n'irai pas jusqu'à prétendre que j'ignorais leur existence. Avec le temps, ils ont même fini par m'obséder, tellement ils me faisaient envie. Mais je ne savais pas comment les faire.

Cela ne m'est venu que bien tardivement, graduellement, au fil de toutes ces rencontres qui ont forgé l'adulte que je suis devenu. Je m'étonne même d'arriver à toucher, à présent, avec autant de naturel — avec tout ce qu'il y a de relatif dans une telle affirmation —, sachant à quel point mon apprentissage fut ardu. Il est vrai que j'ai pu compter sur d'excellents maîtres en la matière. Je ne sais pas ce qu'il en est de nos jours, mais, à l'époque, il n'y avait que les femmes pour savoir jouer ce rôle convenablement. Je m'efforçai donc d'être un bon élève, mais je ne l'étais sans doute pas tant que ça puisque j'épuisai bien des maîtresses, et je l'affirme sans aucune malice. Tout compte fait, j'ai eu beaucoup de chance. Car il y eut aussi des amis pour m'apprendre à étreindre, à toucher un bras, à serrer une épaule. Les premiers d'entre eux étaient Africains, et je leur serai toujours reconnaissant de m'avoir fait connaître ce nouveau mode de communication. Car si l'on peut confier bien des choses par la parole, ou avec les yeux, on peut aussi partager avec les mains. Je ne t'apprends rien, évidemment. Pourtant, il m'a fallu de longues années pour découvrir une telle évidence.

C'est peut-être la raison pour laquelle je me souviendrai toujours de ce jour où une inconnue, dans un taxi de brousse bondé qui m'emmenait à Abidjan, s'est endormie sur mon épaule. Elle était incroyablement belle, je me sentais drôlement bien, et je n'osais pas bouger d'un poil de peur de la tirer de son sommeil. Mais la route était sinueuse et, dans un virage particulièrement abrupt, elle s'est réveillée en sursaut. Elle a levé les yeux sur moi, m'a dévisagé sans manifester la moindre surprise, puis a de nouveau posé sa tête au creux de mon cou et s'est rendormie paisiblement. Nous ne nous connaissions pas, ne nous étions même jamais parlé et ne pensions pas nous revoir un jour, mais elle avait besoin d'une épaule et la mienne était là : pourquoi n'en aurait-elle pas profité ?

Je suis revenu peu à peu de l'étonnement que m'avait causé un pareil abandon grâce à la confrontation avec diverses conduites du même genre, telles, en Côte d'Ivoire encore, ces longues promenades nonchalantes, main dans la main, avec des amies qui n'étaient pas nécessairement des amantes, et même avec des copains — et tous ceux qui me connaissent le moindrement savent comme toi qu'il n'y avait dans ce geste aucune ambiguïté. Il y eut aussi ces amis, en Italie, qui s'accoudaient quelques instants sur mes épaules, la tête collée contre la mienne, dans un épanchement qui semblait toujours aller de soi. Il ne faut donc pas te surprendre que je n'aie jamais répugné à embrasser mon fils, à le bercer, à le serrer dans mes bras, et que je continue de le faire, encore et encore, quand m'en vient le besoin. Nous n'avons pas élevé Daniel dans le dédain de la tendresse, des douces caresses, des effusions.

Dois-je alors m'étonner qu'il ait eu si peu de difficulté à s'abandonner aux mains de son masseur quand, à son âge, j'en aurais été bien incapable ?

Comme tous les autres masseurs de l'endroit, le jeune homme avait la particularité d'être aveugle. J'ai donc pu l'observer à ma guise tandis qu'il pratiquait son art. Du massage lui-même, je n'ai que peu à dire. Il est par contre un moment que je tiens absolument à te décrire. Le masseur était en train de marteler le dos de Daniel, avec la paume légèrement refermée de ses mains, d'un mouvement rapide et régulier, quand il a subitement changé de rythme pendant trois ou quatre pulsations, comme aurait pu le faire un joueur de tam-tam. Daniel s'est aussitôt mis à rire de bon cœur. Le jeune aveugle a répété son manège et ton petit-fils a ri encore, plusieurs fois d'affilée, jusqu'à ce que son rire communicatif s'empare du masseur à son tour. À un certain moment, sa joie était même si intense qu'il a interrompu son massage, a penché la tête vers Daniel et l'a collée contre la sienne en le tenant par les épaules comme on s'accroche à un frère. Ils riaient tous les deux, le corps secoué par des rires en saccades, et j'ai été touché par le bonheur partagé de ces deux êtres qui, de prime abord, paraissaient aux antipodes l'un de l'autre. Je devinais aussi que Daniel avait compris, intuitivement, que ce n'est pas parce qu'on n'a pas d'yeux pour voir qu'on n'a rien à communiquer et qu'on ne dispose pas des moyens pour le faire, et une telle constatation, si simple qu'elle fût, m'émouvait.

Quand il a eu terminé son massage, le jeune aveugle a appelé auprès de lui quelques-uns de ses confrères de travail. Ils ont trouvé à tâtons les petites mains de Daniel et les ont pressées dans les leurs, ont frôlé son torse où l'on pouvait compter les côtes, ont caressé ses frêles épaules. Je me suis fait alors la réflexion que leur attitude n'était guère différente de celle des gens qui se retournent sur Daniel dans la rue, lui sourient et cherchent à lui adresser la parole. Ils avaient perçu, eux aussi, ce qu'il a de différent et, loin de s'en sentir menacés, s'en émerveillaient plutôt.

Du Việt Nam à l'Irak

Difficile de ne pas songer à la guerre en abordant le Việt Nam.
Le pays en a eu sa part, l'a payée cher et en reste marqué encore
aujourd'hui, même s'il semble avoir tourné la page. Certes,
beaucoup de choses ont changé depuis la colonisation française.
Pourtant, je ne peux m'empêcher de penser encore au roman
bouleversant de Graham Greene, *The Quiet American*, publié en
1955 alors que la guerre d'Indochine venait tout juste de
prendre fin. Dans un de ses passages, le romancier fait dire à son
narrateur anglais, Fowler, qui s'adresse à Pyle, un Américain,
en songeant au sort de deux jeunes sentinelles vietnamiennes
entraînées bien malgré elles, lui semble-t-il, dans cette guerre :
« *I've no particular desire to see you win. I'd like those two
poor buggers there to be happy — that's all. I wish they didn't
have to sit in the dark at night scared.* »

Les mères comme toi le savent bien, la guerre ne fait
jamais que des perdants. Nous rencontrons des Vietnamiens
qui avaient pris le parti des Việt Minh, et d'autres qui étaient
farouchement opposés aux communistes. Que devons-nous en
penser ? Pouvons-nous véritablement juger de leur choix
quand nous ne connaissons les circonstances qui l'ont guidé
que par les livres ? Évidemment, je serai toujours habité par la
conviction que certains n'avaient rien à faire dans un pays qui
n'était pas le leur. Mais je sais surtout que l'horreur ne fait pas
d'autre distinction, quand vient l'heure de choisir ses victimes,
que celle de s'attaquer d'abord aux plus démunis, même si elle
frappe aussi à l'aveuglette.

Nous avons visité le Musée de la guerre, à Hồ Chí Minh-Ville, de même que les tunnels de Củ Chi, un réseau de plus de deux cents kilomètres de voies souterraines que les Việt Minh avaient élaboré pour échapper à leurs ennemis. La présentation des événements y est évidemment partiale, beaucoup trop, sans doute — ce ne serait pas nécessaire, les faits parlant d'eux-mêmes —, mais on ne peut tout de même y rester insensible. Deux ou trois photos suffisent, il me semble, à vous dégoûter à jamais de n'importe quelle guerre. Morts, veuves, orphelins, sans-logis, estropiés, victimes de la dioxine font un musée de l'horreur absolument insupportable. Daniel en a paru aussi troublé que nous.

Faut-il encore s'émouvoir de ce qui appartient maintenant au passé ? Ton petit-fils paraît le croire. Car passé et présent, trop souvent, se confondent. Dans son journal, il conclut d'ailleurs la section qui concerne notre visite du Musée en ces termes : « [La guerre du Việt Nam] a causé des millions de morts et beaucoup de gens ont dû fuir leur maison pour survivre. Des personnes ont perdu des bras, des jambes, en marchant sur des mines. D'autres sont nées déformées par la faute des gaz toxiques. Lorsque je suis sorti de ce musée, j'étais profondément touché par l'atrocité de cette guerre. Après le Việt Nam, les Américains sont en Irak. N'apprendront-ils jamais de leurs erreurs ? »

La guerre d'Indochine fait encore aujourd'hui des ravages.

La bataille des plaines d'Abraham

Je me souviens à présent de la réaction que Daniel avait eue lorsqu'il avait appris ce qui s'était passé lors de la bataille des plaines d'Abraham. Soudain perplexe, il m'avait affirmé du haut de ses cinq ou six ans :

— Tu me vois participer à une guerre comme celle-là ?

J'avais bien de la difficulté à me le représenter. Quel parti prendrait le fils d'une anglophone d'origine italienne et d'un francophone du Lac-Saint-Jean ?

— Non mais, papa, tu m'imagines ? Bing ! Mon bras droit frappe ma joue gauche ! Bang ! Mon bras gauche frappe ma joue droite.

Il faisait ballotter sa tête en tous sens.

— La guerre, c'est vraiment stupide, avait-il conclu avant de s'éloigner en trottinant sur ses deux courtes jambes.

L'enfant soldat

Il y a de ces scènes auxquelles nous préférerions n'avoir jamais assisté, des scènes qui, malgré leur banalité, ou peut-être en raison de cette banalité même, nous heurtent de plein fouet, nous choquent profondément, puis nous laissent abasourdi. Parfois, ce n'est rien d'autre qu'une image, furtive, mais dont le souvenir nous reste longtemps en mémoire. C'est le cas de celle-ci, entraperçue dans le quartier des *backpackers*, à Hồ Chí Minh-Ville : un Américain, dans la quarantaine avancée, bien mis, de belle apparence, accompagné de son fils de cinq ou six ans. Le garçon a revêtu une tenue militaire — pantalon, veste et casquette d'un vert kaki de camouflage — et il tient à la main une mitraillette en plastique avec laquelle il vise parfois les gens qui passent près de lui.

Je ne les ai pas aperçus tout de suite. C'est Daniel qui a attiré mon regard dans leur direction. Je l'ai senti tirer sur mon bras avec énergie, puis l'ai vu pointer le doigt vers eux :

— Regarde !

Il paraissait éberlué. J'ai titubé, puis me suis accroché à son ahurissement comme à une bouée dont je me sers encore, parfois, quand je n'arrive plus à nager.

De grands yeux

L'étranger a de grands yeux, mais il ne voit rien, dit un vieux proverbe africain. Depuis qu'un ami ivoirien m'a révélé, sur le ton à peine voilé de la confidence, cette vérité toute simple issue de la sagesse populaire, je m'efforce de la garder toujours à l'esprit en voyage. Sur le coup, certes, j'avais surtout été flatté du sourire de complicité qu'il avait affiché en me confiant ce secret : sourire ainsi, c'était soutenir, non sans délicatesse, que je n'étais pas cet étranger-là. Je le connaissais d'ailleurs trop bien pour douter de sa sincérité. Néanmoins, il aurait été prétentieux d'en conclure que je ne devais pas me sentir concerné par la sentence juste et lucide de ses concitoyens : il me livrait, en somme, un avertissement. Bien sûr, on n'est jamais complètement à l'abri des préjugés ; mais il me fallait tout de même tâcher de ne pas leur laisser trop de prise. L'étonnement, par ailleurs, est tout ce qu'il y a de plus naturel ; mais il ne devait pas céder le pas à l'incompréhension. En un mot, c'est notre amitié qui devait primer. Or, celle-ci ne pouvait s'épanouir que par la connaissance intime de mes hôtes. Et il n'y avait qu'un moyen d'accéder à une telle connaissance : jeter les armes, lever le masque, laisser parler simplement mon cœur.

J'ai trop voyagé pour ne pas avoir manqué parfois à mes promesses envers cet ami, pour ne pas avoir trahi au moins quelques fois sa confiance. J'ai souvent ouvert, sans rien voir, des yeux ébahis ; fait mine d'écouter sans entendre ; caressé sans toucher. Les circuits touristiques des voyages organisés, les *fast-foods* ayant partout pignon sur rue, les marchands de pacotille ne nous facilitent évidemment pas la tâche. Mais si l'enchantement n'y est plus, si nous n'arrivons plus à nous émouvoir, est-ce uniquement la faute du tourisme de masse et de son exploitation mercantile ? En quittant l'enfance, nous nous sommes peu à peu défaits de notre naïveté et, par conséquent, de notre faculté d'émerveillement, de cette capacité innée que nous avions de nous laisser éblouir. Or, il ne saurait y avoir de bonheur sans éblouissement, sans illumination de la conscience, sans ravissement du cœur. Nous devons donc nous laisser ravir — nous laisser enlever, transporter, enchanter, exalter —, animés, dans ce consentement, par l'impérieux besoin de communier avec les êtres et les éléments sans lequel le voyage perd tout son sens. Cependant, si nous voulons échanger, partager et goûter ainsi aux charmes des lieux et des gens qui nous accueillent, il faut savoir nous arrêter. Pour réussir notre voyage, nous ne devons surtout pas en faire une tournée, une mouvance, un déplacement : voyager, c'est aussi mouiller l'ancre, baisser les voiles, lier les amarres. C'est retourner au même endroit, l'habiter mille fois, comme nous habite une femme quand on a pris le temps un jour, puis mille fois, de s'y attarder.

Pique-assiette

En voyant nos plats arriver, Anna ne peut s'empêcher de s'exclamer :

— Vous allez manger tout ça ?

Puis, elle se met à piger sans complexe dans nos assiettes. Et Daniel de répliquer :

— Des fois, le « on » exclut celui qui parle. Mais avec toi, le « vous » inclut celle qui parle !

Saignée

Sur la route de Củ Chi, des milliers d'hévéas, les arbres à caoutchouc. Il n'est pas besoin d'avoir une imagination très fertile pour se représenter les souffrances et l'extrême dénuement des paysans dépossédés de leurs terres qui travaillaient dans ces plantations, au cours de l'époque coloniale, afin de subvenir aux besoins des pays du nord en caoutchouc. Une image s'impose à mon esprit : cet hévéa qu'on entaille n'est pas un arbre. C'est un homme que l'on saigne.

S'asseoir par terre

À l'aéroport de Hong Kong, déjà, devant la porte d'embarquement de l'avion qui devait nous amener à Hồ Chí Minh-Ville, j'avais été frappé par cette scène que je verrai reproduite mille fois, à quelques variantes près, au cours de notre voyage. Elle m'avait plu tout de suite : les membres d'une famille entière, enfants, parents, grands-parents, assis ou accroupis, en toute simplicité, sur le plancher de la salle d'attente.

C'était une scène somme toute fort banale. Pourtant, elle m'avait paru à l'instant tout à fait singulière. Il y avait en effet en elle quelque chose de réconfortant, de réjouissant et, pour tout dire, de presque subversif : on s'assoyait où on le voulait, dans le plus parfait naturel, sans se soucier d'éventuelles convenances à cet égard. Nous faisons bien sûr de même, à la maison, en camping, dans le jardin, en randonnée, mais plus rarement au centre commercial, chez le dentiste ou au bureau. Or, j'ai parfois l'impression qu'il n'est ici aucun lieu où l'on doive abandonner sa simplicité au vestiaire : elle est une part inaliénable de ce que sont nos hôtes. Aussi voit-on partout des gens accroupis : dans les marchés, dans les cuisines, sur les trottoirs, devant les maisons, hommes et femmes, jeunes et vieux, comme s'il n'y avait pas d'autre façon d'être là. On s'accroupit pour vendre ou pour acheter, pour boire et pour manger, ou simplement pour regarder passer les gens, tranquillement, en savourant le temps qui s'écoule, lentement, pour peu qu'on prenne la peine de s'y attarder.

J'envie parfois aux Vietnamiens et aux Vietnamiennes cette simplicité qui leur permet de se mettre si facilement à leur aise. Moi, trop souvent, je pose. Cela t'attriste. C'est comme si je reniais alors cette part de toi qui est en moi : ton innocence, ton ingénuité, ta naïveté.

Dis, maman, suis-je en train de te retrouver peu à peu ? Voici que je m'assois par terre…

Un jus de mangue

Daniel savoure son jus de mangue avec délectation.

— C'est bon ?

— C'est délicieux.

— Tu me le fais goûter ?

— C'est trop sucré.

— Et alors ?

— Le sucre est vivement déconseillé aux personnes âgées, me répond-il avec un sourire ironique sur les lèvres. Désolé…

Impossible, avec lui, de me bercer d'illusions. Il ne m'en laissera jamais plus la chance.

Le charme de la campagne

Nous avons quitté Hồ Chí Minh-Ville pour l'île de Phú Quốc, qui est située dans le golfe de Thaïlande, dans le sud-ouest du Việt Nam, tout près de la frontière avec le Cambodge. Nous y dormons dans une chambre en forme de paillote relativement rustique mais confortable, qui se trouve dans un décor splendide, face à la mer aux eaux vertes et bleues. La salle de bain, raffinement suprême, se trouve à l'extérieur de la paillote, en plein air, dans un vaste espace sans toit ni auvent délimité par des murs de bambou. Il est agréable de s'y doucher tranquillement, en contemplant le ciel, tout en se laissant bercer par le bruissement des feuilles des cocotiers et le chant mélodieux des oiseaux exotiques. Notre voisine, une Vietnamienne qui tient une boutique de soie à Hồ Chí Minh-Ville, ne semble toutefois guère partager notre enthousiasme.

— Je ne suis pas une paysanne ! s'est-elle plainte en découvrant sa chambre, tout en reconnaissant qu'y séjourner lui permettrait de mieux saisir « la réalité de la vie à la campagne ».

Je ne me suis pas risqué à dire quoi que ce soit pour la détromper, la cause me paraissant perdue d'avance. Nous adorons le bois, la brique, la pierre. Nous aimons retrouver, dans une maison, les portes vitrées et les foyers d'antan. Nous dévoilons les poutres et les solives. Et nous ornons nos pièces de commodes, de penderies, de vaisseliers, de coffres et de miroirs d'une autre époque. Nous apprécions le « charme » des vieilles demeures.

Cependant, ce qui nous paraît charmant, à nous qui avons toujours vécu sous le règne de la facilité et de l'abondance, n'a pas la même signification pour nos parents — pour toi — ou pour nos grands-parents. Devoir casser la glace afin de pouvoir puiser de l'eau à la rivière, laver à la main les vêtements d'une ribambelle d'enfants, traire la vache, bûcher le bois, chauffer le four, peler les patates, couper les oignons, rincer la vaisselle, coudre une robe, repriser des chaussettes, et finir la journée en s'écroulant épuisé dans un lit glacé, cela n'a rien de charmant quand c'est votre pain quotidien. On ne peut donc reprocher aux générations qui ont précédé la nôtre d'avoir voulu gommer tous les signes extérieurs de pauvreté auxquels nous trouvons aujourd'hui un certain attrait. Peut-être notre attirance vient-elle de ce qu'ils nous rappellent un temps, celui de notre enfance, où nous étions heureux. Depuis, nous avons tellement perdu contact avec notre environnement naturel que nous avons besoin de revenir à des gestes simples, dans un cadre moins sophistiqué, pour nous retrouver : planter des fleurs, tailler un arbre, arroser des fines herbes, cuisiner un bon repas, chauffer le foyer, dans une demeure à l'aspect quelque peu suranné, mais qui nous rappelle celle de nos grands-parents.

La vendeuse de soie qui loge dans la paillote voisine de la nôtre en est peut-être là où tu en étais il y a deux ou trois décennies. Comment lui en vouloir d'aspirer à un peu plus de confort ? Ses propos m'ont pourtant profondément attristé. Je ne peux bien sûr lui reprocher le fait que la chambre ne répond pas tout à fait à ses attentes. Ce sont plutôt les termes qu'elle a employés qui me chagrinent : « Je ne suis pas une paysanne ! » En disant cela, elle se trouvait à déprécier non seulement le mode de vie des paysans, mais aussi, par delà, la dignité même de tous ceux et celles qui sont en réalité à la source de notre propre richesse. Il est de bon ton de les mépriser : ce sont nos serfs, nos asservis, qui nous nourrissent à vil prix, afin que nous puissions nous consacrer sans être inquiétés à nos plaisirs futiles, y compris lire, écrire et voyager.

Un pêcheur distrait

Un pêcheur solitaire fait glisser sa barque de bois mal équarri à grands coups de rames. Leur point d'appui est élevé, et il doit se tenir debout pour les manœuvrer. J'admire son sens de l'équilibre : il navigue sans jamais se laisser désarçonner par le tangage et le roulis de son embarcation.

Tout à l'heure, je l'ai vu lancer un fil de pêche et le ramener à l'aide de mouvements amples du bras, semblables à ceux qu'on fait pour *jigger* la morue. Maintenant, il pêche à la traîne. J'aimerais avoir la chance de l'accompagner afin de tout savoir de son métier. J'apprendrais quel est le matériel qu'il utilise, mais aussi les emplacements qu'il privilégie à l'aube ou en plein midi, par temps clair ou nuageux, le type d'appât dont il se sert selon l'espèce de poisson recherchée, la profondeur jusqu'à laquelle il laisse pénétrer sa ligne, toutes ses stratégies, en fait, qui font de lui un véritable pêcheur. Pour une fois, ma méconnaissance de la langue vietnamienne ne limiterait pas ma compréhension. J'ai tellement pêché, au cours de mon enfance, qu'il me suffirait d'observer ses gestes pour en saisir le sens. Cependant, quand je les aborde, les pêcheurs me regardent comme si j'étais totalement étranger à leur monde. Comment leur expliquer qu'à défaut de les connaître tous, je comprends le moindre de leurs gestes ?

Le pêcheur dépose un instant ses rames et agite la main pour me saluer. Je fais aussitôt un bond de plus de trente ans en arrière. Je me revois quittant mon père pour aller pêcher au crépuscule dans un étang où frétillent quelques truites mouchetées, non loin de notre camp en bois rond. Je pars tout seul, comme un grand, et j'en éprouve une grande fierté. J'ai mes bottes de caoutchouc aux pieds, ma casquette sur la tête, et je porte à la taille un gros chandail de laine pour me réchauffer lorsque viendra la brunante. J'ai apporté une vieille boîte de conserve pleine de vers de terre, un panier d'osier rempli de mousse humide pour y conserver mes prises, des mouches, des hameçons et quelques plombs. Je salue mon père d'un signe de la main et me mets à cheminer sur le sentier qui mène à l'étang. Or, j'ai à peine franchi dix mètres que je l'entends crier :

— Tu as tout ce qu'il te faut ?
— Franchement, papa…
— Comme tu veux.

Il fait une légère pause, puis ajoute, un sourire ironique sur les lèvres :

— T'es sûr que ça irait pas mieux avec une canne à pêche ?

L'image de mon père brandissant ma canne en rigolant me revient en mémoire tandis que je réponds distraitement au salut du pêcheur. J'ai une envie presque irrépressible de lui crier pour lui demander s'il n'a pas oublié la sienne. Mais je me retiens.

Plus loin, à quelques kilomètres de la côte, des péniches colorées de bleu font entendre le ronron de leurs moteurs. Quand le jour sera tombé, elles brilleront dans la nuit, alignées à l'horizon, et j'aurai l'impression d'assister à un défilé d'étoiles. D'autres astres apparaîtront ensuite dans le ciel, et j'y chercherai des yeux celui qui guide les pêcheurs à bon port. Peut-être saura-t-il m'indiquer à moi aussi le chemin.

En avant la musique

Le gérant du complexe hôtelier, qui nous regardait à peine quand nous sommes arrivés il y a trois jours, ne nous adressait même pas un sourire, ce qui est tout de même exceptionnel dans ce pays, a maintenant les yeux rayonnants lorsqu'il nous voit venir. Il a suffi d'un mot d'Anna, une parole anodine, pour que son attitude à notre égard change subitement du tout au tout.

En pénétrant dans la salle à manger, ce matin, elle a trouvé notre hôte en train de se laisser bercer par une jolie mélodie vietnamienne. Il a sursauté et immédiatement fermé sa radio, comme s'il était honteux d'avoir été surpris à éprouver un plaisir inavouable. Elle lui aussitôt confié qu'elle préférait de loin sa musique à celle, importée d'Amérique, qu'un client sans gêne nous avait imposée la veille. Il l'a regardée avec des yeux ronds, éberlué, puis a éclaté d'un beau rire sonore qui a roulé en cascade jusqu'à lui mouiller les yeux : il était heureux.

Lorsque je suis entré dans la salle à mon tour, je l'ai trouvé tellement chaleureux que je me suis demandé quelle mouche l'avait piqué. Anna m'a raconté l'incident et j'ai immédiatement songé à ce jeune Innu de Mashteuiatsh que j'avais rencontré, plus de vingt ans auparavant, dans une rue de Saint-Félicien, au Lac-Saint-Jean. Il était onze heures du matin, il faisait un soleil splendide, l'adolescent était complètement ivre, mais nous nous étions trouvés côte à côte, pour une raison que j'ai fini par oublier, et nous n'avions pu que sympathiser, car il était sympathique malgré son ivresse, mais peut-être aussi parce que j'avais toujours été fasciné, depuis ma plus tendre enfance, par la culture innu, l'espace animé, le sens de l'écoute, le respect dû aux aînés, la dévotion envers les bêtes, l'art de la chasse et de la pêche, la survivance et tant de choses encore qui me faisaient espérer, du fond du cœur, que soit vraie la légende selon laquelle une de mes aïeules était amérindienne, ce que je peux confirmer, à présent, indéniablement, car je suis du pays innu. Or, mon frère autochtone s'était tout à coup mis à crier, en proie à un véritable délire éthylique : «Moi aussi, j'aime danser dans les discothèques, moi aussi, j'aime la musique des Beatles!» Et il avait entonné un de leurs airs les plus connus, titubant en voulant se trémousser.

J'ai eu honte tout de suite et j'en ai honte encore aujourd'hui. Il désirait être des nôtres, mais nous ne voulions pas de lui. Comment, alors, aurait-il pu être lui-même? Il s'est écroulé sur le sol, a gémi faiblement, et j'ai fait comme tout le monde, après l'avoir salué furtivement : j'ai passé mon chemin.

Aujourd'hui, Anna a eu plus de cœur que moi à l'époque et je m'efforce de l'imiter. Avec un peu de chance, peut-être le gérant de l'hôtel se risquera-t-il ce soir à nous révéler un peu plus de lui-même en nous faisant découvrir les chansons de son pays.

Ça y est, j'entends sa musique qui résonne. La nuit sera belle!

Mango Bay

Le petit complexe hôtelier où nous passons quelques jours porte le drôle de nom de Mango Bay, même si je n'y ai pas vu un seul manguier depuis notre arrivée. Les serveurs du restaurant, qui ont pris Daniel en affection, se sont aperçus qu'il adore les mangues. Ils lui en apportent donc à la moindre occasion, une petite marque d'attention qui nous réjouit.

Ce matin, ils lui ont donc offert une grosse mangue bien juteuse en plus de la salade de fruits qu'ils servent habituellement au déjeuner. Et ce soir, ils en ont garni la crêpe qu'il avait commandée pour dessert. Quand le serveur la lui a présentée, Daniel, après l'avoir remercié, lui a dit :

— *I'm a mango boy at Mango Bay.*

Le serveur a ri de bon cœur, puis a raconté la scène à tous ses collègues. À les voir réagir, quelque chose me dit que nous n'avons pas fini d'en entendre parler.

— Hé ! Mango boy ! lui diront-ils chaque jour en lui chatouillant les côtes.

Puis, un jour, viendra l'heure pour nous de reprendre notre route. Que feront-ils alors de toutes ces mangues, de leurs sourires et de leurs doigts qui picotent ?

De petits maux de ventre

Un peu de fatigue, une pointe de fièvre, des maux de ventre, et déjà j'imagine le pire pour mon fils. Manque de sommeil? Légère indigestion? Insolation? Non. Je pense plutôt à une amibiase, à la dysenterie, au paludisme, à la typhoïde, au choléra. Et je me reproche aussitôt de l'avoir entraîné dans une telle galère.

Hier à peine, pourtant, j'ai été enchanté de le voir affronter, le sourire aux lèvres, un groupe turbulent de cinquante écoliers qui étaient accourus à sa rencontre en le voyant passer près de la cour d'école et s'étaient agglutinés, tout excités, autour de lui. Ils se bousculaient afin de lui serrer la main, en criant très fort de beaux « Hello! » sonores, et il répondait patiemment à chacun d'entre eux: « Xin chào! Xin chào! » Quelques minutes plus tard, à l'entrée du bureau de poste, il a examiné l'araignée imprimée sur le t-shirt d'un garçon de son âge, puis a emprunté un stylo à bille pour la reproduire, d'abord sur son propre bras, puis sur celui de son nouvel ami. Celui-ci a souri de toutes ses dents en découvrant le dessin tracé sur sa peau. J'étais ravi: il leur suffisait d'un crayon pour partager, dans une fascination mutuelle, leurs univers réciproques.

Il y a eu ensuite cette marchande d'un autre âge, au visage raviné par le temps, qui a posé ses doigts gourds sur ses joues, comme le font vingt femmes chaque jour depuis notre arrivée, puis lui a offert une mandarine. Il l'a remerciée dans sa langue à elle, « Cảm ơn! », et ses petits yeux bridés se sont mis à pétiller de plaisir. J'ai voulu payer — elle saurait mieux que moi quoi faire de cet argent —, mais elle a repoussé ma main avec délicatesse. Nous devions accepter son geste pour ce qu'il était, un acte de pure générosité, et je n'ai pu m'empêcher de songer que je n'ai jamais rien donné à des femmes de la sorte, qui ont pourtant souffert toutes les guerres du dernier siècle, ont connu la famine, le désarroi, le désespoir, et n'ont plus d'autre solution à présent que de se résigner à leur sort en remerciant le Créateur de leur avoir accordé la vie. Dans ces conditions, puis-je véritablement prétendre, moi qui ai la chance de me promener d'un pays à l'autre, comme un grand seigneur, sans autre souci que de me laisser guider par mes pas, que je me préoccupe du sort de mes congénères de la planète ? Je prête à peine attention au bonheur de mes amis les plus chers…

Il est temps que je retourne à mon fils, à son léger mal de tête, que je lui donne un peu à boire et humecte son front brûlant avec une débarbouillette d'eau fraîche en lui caressant doucement les cheveux. Il n'est sans doute atteint ni de la diphtérie ni du tétanos, mais il a besoin de moi auprès de lui.

Les bras du Mê Kông

Nous avons quitté Phú Quốc pour Cần Thơ, au milieu du delta du Mê Kông — qu'on appelle Cửu Long au Việt Nam —, dont tous les bras forment un réseau extrêmement complexe qui nous apparaît comme un véritable labyrinthe. Sur les plus larges d'entre eux, la circulation est particulièrement dense, surtout aux heures de marché. Il faut avoir vu au moins une fois dans sa vie ces femmes aux vêtements colorés, protégées du soleil par leur chapeau conique, faire leurs emplettes dans une chaloupe à rames, ou alors propulsée par un moteur au pied très allongé qui pénètre dans l'eau avec un angle oblique permettant de naviguer dans les canaux les moins profonds, pour saisir tout le pittoresque de la scène. Elles accostent le navire marchand de leur choix, le plus souvent une embarcation pas plus grosse que la leur qui porte comme un étendard, au bout d'une longue tige de bambou, les produits dont on fait le commerce — ici une pastèque, là un ananas, ailleurs un chou, une carotte, un oignon ou de la laitue —, et négocient âprement le prix de leurs achats qu'on transbordera tout simplement d'une embarcation à l'autre une fois le marché conclu.

Il y a aussi les vendeurs de café, les petits restaurateurs, les bouchers, les poissonniers, les quincailliers et, en ces jours qui précèdent la fête du Tết — le Nouvel An vietnamien —, de nombreux marchands de fleurs qui donnent au fleuve une apparence de grand boulevard aux parterres ornés de vives couleurs. Il n'y manque que la fanfare et l'on se croirait en plein défilé de carnaval, quoique le bruit des klaxons et la pétarade des moteurs arrivent presque à en créer occasionnellement l'illusion.

Mais la vie du Mê Kông ne se résume pas aux marchés. Car le fleuve constitue bien plus qu'une voie de transport pour les marchandises les plus diverses. C'est aussi la route privilégiée pour se mouvoir d'un lieu à l'autre. Les canaux sont en effet tellement nombreux qu'il est difficile de marcher plus de quelques centaines, voire quelques dizaines de mètres, sans voir sa course interrompue par un cours d'eau. On a donc pris l'habitude, depuis des temps immémoriaux, de se déplacer sur l'eau plutôt que sur la terre ferme. Dans le delta du Mê Kông, on devient marin avant d'apprendre à marcher.

On observe aussi sur les canaux une multitude de pêcheurs, ceux qui lancent des filets qu'ils tirent ensuite à la traîne, parfois à la surface, parfois en raclant le fond, ceux qui pêchent à la ligne ou avec une nasse, sans compter toutes ces trappes à anguilles qu'on retrouve le long de la rive et les bateaux-maisons flottant au-dessus d'une vaste cage où l'on pratique une pisciculture plus ou moins nomade. Cela a peu à voir avec la pêche à la ouananiche sur le lac Saint-Jean et, pourtant, je sais que tu te sentirais comme moi en pays de connaissance au milieu de tous ces gens pour qui le poisson est à la source même de la vie.

Mais le panorama serait incomplet si je ne te disais pas que les bords du Mê Kông ne sont pas moins animés que son centre, avec toutes ces maisons sur pilotis dont le fleuve représente pour ainsi dire l'arrière-cour. Y naviguer constitue donc une porte d'entrée privilégiée sur le quotidien de ses habitants, avec lesquels nous avons presque le sentiment, par endroits, de partager le même toit, tellement nous pouvons les observer de près, dans leur propre demeure. Ici, en effet, on aperçoit une femme en train de laver des légumes pour la confection de sa soupe — le « phở » —, là, une autre rincer des assiettes, ou faire la lessive, plus loin un jeune homme se brosser les dents, se savonner, jeter à l'eau les ordures ménagères. Daniel observe tout cela d'un air plus émerveillé qu'ébahi. Il n'existe pas, dans le monde, une seule et unique façon de vivre sa vie : il y en a une multitude, et parmi elles de bien singulières !

Nous empruntons à présent un tout petit embranchement du grand fleuve, un rameau étroit où nous risquons à chaque instant de toucher le fond et d'échouer, mais où la profondeur atteint parfois aussi la taille d'un homme. Des enfants s'ébattent sur la rive argileuse, au milieu des palmiers et des palétuviers, puis plongent avec enthousiasme dans l'eau boueuse, nous éclaboussant au passage. Nous parcourons encore de nombreux méandres et, soudain, tandis que nous abordons un secteur particulièrement étroit où les branches des arbres forment une arche au-dessus de nos têtes, je me mets à songer au cauchemar de la guerre. Ce sont des images ressassées mille fois qui me viennent en mémoire, mais dont l'horreur ne s'éteint pas : de jeunes soldats américains de seize ans, assaillis par les moustiques, avancent péniblement dans la vase d'une eau trouble qui les dégoûte, à la poursuite de paysans qui ne savent même pas pourquoi on vient les pourchasser sur leurs terres où ils n'ont fait, depuis des générations, que cultiver du riz à la sueur de leur front afin de gagner leur maigre pitance quotidienne.

J'essaie de chasser ces images de ma tête. Mais je n'y arrive pas : et les cris étouffés de tous ces paysans restés trop longtemps prisonniers des eaux boueuses du Mê Kông me poursuivent jusqu'à ce que nous arrivions à bon port.

Le dragon

Nulle part ailleurs qu'en Italie, je crois, sauf peut-être un peu en Espagne, notamment à Séville, n'ai-je rencontré dans la rue une pareille ambiance. La fête du Tết sur le Đồng Khởi, au cœur de Sài Gòn ou, comme aujourd'hui, au centre de Cần Thơ, c'est la « passeggiata » des jours de fête. On se promène en famille, ou alors entre amis, main dans la main, ou épaule contre épaule, détendus, insouciants, débonnaires. Tout en déambulant, on déguste une confiserie, du maïs soufflé, de la barbe à papa ou, quand on a plus d'appétit, un « chả giò » — le nem du sud —, une galette de riz, un épi de blé d'Inde, de la viande grillée, un plat de nouilles. Les terrasses des cafés sont bondées, débordent de gens qui échangent paisiblement, d'un air nonchalant, ou discutent au contraire avec animation, enjoués et rieurs. Tout autour, outre les marchands et marchandes de fruits frais, de cigarettes, de bonbons, de boissons gazeuses et de victuailles diverses, on observe des sculpteurs de figurines — fleurs, chiens, dragons — en pâte à modeler, des tresseuses de nattes et de paniers en rotin, des chanteurs vêtus de leur plus bel « áo dài » entonnant des mélodies venues d'un autre siècle, des musiciens jouant avec brio d'étranges instruments à cordes ou à percussion, des danseurs se mouvant avec lenteur et des fleurs en abondance, ici, là, partout, des fleurs jaunes, surtout, le jaune étant le symbole de la longévité, mais aussi des orchidées, des bonsaïs, des mandariniers, au milieu d'une myriade de lanternes, de guirlandes et de banderoles de toutes sortes.

Puis, soudain, surgit un dragon, et tous les enfants, fascinés, se précipitent à la rencontre de la fabuleuse créature afin de contempler, au son du tambour, ses ondulations, ses tortillements, ses mouvements d'humeur. Du haut du balcon d'un deuxième étage, un homme lui tend de menues offrandes au bout d'une longue perche et le dragon fait aussitôt volte-face pour s'en emparer. Mais on le taquine, on le titille, on l'excite, et il doit, pour mériter son dû, étirer le cou, de plus en plus haut, devant les acclamations enthousiastes de la foule.

Nous naviguons en plein rêve, un songe éveillé mais non moins féerique, et c'est chaque soir à contrecœur, au cours de la longue semaine de festivités qui souligne le Têt, que nous devons nous résigner à regagner notre hôtel pour la nuit. Je dors chaque fois d'un sommeil à la fois paisible et animé, à l'image des gens de ce pays, bercé, au milieu de milliers de fleurs, par la rumeur de la fête, les trémoussements d'un étrange dragon et des sourires bienveillants, partout, sur tous les visages. «Chuc mừng năm mới!» Bonne et heureuse année!

Elle ne pourrait mieux commencer...

Bonne et heureuse année

Je prononce à peine quatre mots en langue vietnamienne — « Chuc mừng năm mới » — et le visage de mes hôtes s'éclaire. Certes, on est toujours heureux quand quelqu'un nous souhaite une « bonne et heureuse année ». Néanmoins, je sais pertinemment que ce n'est pas tant la formule de politesse qui réjouit mes vis-à-vis que le fait qu'elle est exprimée dans leur langue. On le conçoit aisément : je ne connais aucun de mes compatriotes qui ne sait gré à l'étranger en visite chez nous d'avoir la décence, quand il nous aborde, de nous adresser son premier bonjour en français.

Curieusement, une marque d'attention aussi élémentaire semble loin d'être la norme parmi les touristes que nous croisons au Việt Nam. Bien sûr, la langue vietnamienne, avec ses diverses tonalités que l'Occidental a bien du mal à distinguer, constitue pour nous un véritable casse-tête. Il faut pourtant reconnaître qu'il n'est pas si sorcier d'apprendre les salutations d'usage — bon matin, bonjour, merci — et de s'en servir à l'occasion, même maladroitement, d'autant plus que cela entraîne invariablement une réaction enthousiaste. Ce phénomène provoque d'ailleurs en moi un certain malaise. Certes, je suis heureux de n'avoir qu'à faire preuve d'un minimum d'égards envers mes hôtes pour qu'ils m'ouvrent grand leur cœur. Cependant, en même temps, je suis peiné de constater que cette marque de considération qui devrait venir si spontanément est parfois perçue comme un événement. De toute évidence, les Vietnamiens et Vietnamiennes qui nous accueillent bénéficient rarement de toute l'attention qu'ils méritent.

Ils ne sont pas les seuls à en souffrir. Je garderai toujours en mémoire le souvenir ému du bonheur qu'avait ressenti une belle aînée d'un village du pays attié, en Côte d'Ivoire, lorsque je l'avais saluée selon l'usage, dans sa propre langue, en utilisant les mots qui étaient requis quand on s'adressait pour la première fois à une femme de son âge. Je ne venais, ce faisant, que de répéter ce qu'on m'avait appris. Mais la dame en avait paru tellement bouleversée que j'ai cru un moment que son cœur allait flancher. Puis, elle s'était jetée sur moi comme sur une bouée, m'avait serré très fort dans ses bras et s'était mise à rire de source, sans pouvoir s'arrêter. Elle riait et pleurait à la fois, en fait, le corps secoué par des rires en cascade tandis que son visage se couvrait de larmes de joie. Quand son rire s'était éteint, elle m'avait remercié avec effusion, longuement, durant un temps qui m'avait semblé une éternité. Elle disait vivre l'un des plus beaux moments de son existence.

Je n'en ai pas été affligé tout de suite. Je ne voyais que son bonheur, son ravissement, et cela me remplissait d'allégresse. Mais l'ivresse n'est jamais qu'un état d'euphorie temporaire. Elle ne dure, dans nos vies, qu'un instant. Quand j'ai dessoûlé, j'ai été brusquement envahi par une profonde tristesse. Comment accepter que mes pauvres salutations représentent un moment marquant de son existence ? J'ai dû me rendre à l'évidence : durant tout le cours de sa vie, jamais un étranger n'avait pris auparavant la peine de s'adresser à elle afin de lui indiquer qu'elle méritait qu'on s'y attarde ne serait-ce qu'un brin, brièvement, à la sauvette, en passant. Jamais un signe, jamais un geste pour qu'elle sache bien qu'elle — et, par delà, tout son peuple — valait à tout le moins deux ou trois mots prononcés tout croche… Notre suffisance est incommensurable.

What's your name ?

Partout, alors que nous glissons lentement sur l'un des multiples canaux du delta du Mê Kông, au rythme de balancier provoqué par les coups de rame de notre guide, des enfants, surgis de nulle part, accourent pour nous saluer. Ils agitent leurs petites mains en cadence et lancent des « Hello ! » tonitruants qu'ils répètent inlassablement jusqu'à ce que nous soyons rendus trop loin pour les percevoir. La moindre réaction de notre part provoque en eux une joie exubérante : ils se tortillent sur leurs jambes maigres, sautillent sur place, épanouissent de larges sourires, rient à s'en décrocher la mâchoire, si bien que d'autres enfants sortent encore de l'ombre, crient plus fort que les premiers pour être sûrs de se faire entendre dans le brouhaha général et secouent la main dans notre direction de façon frénétique. Mais ce n'est que lorsque Daniel crie « Xin chào ! » en retour qu'ils atteignent véritablement le comble du bonheur. Reconnaissant le salut de quelqu'un qui, sans être tout à fait des leurs, leur apparaît tout de même comme un de leurs semblables, ils redoublent alors de vigueur, s'époumonent encore, bondissent dans tous les sens et, lorsque le terrain le permet, nous suivent quelques secondes à la course, le long de la rive, pour nous accompagner aussi loin qu'ils le peuvent.

Trois jours plus tard, leurs cris de joie résonnent toujours dans ma tête. Je revois leurs bonnes bouilles souriantes, mais aussi leur air étonné de nous découvrir soudainement dans leur arrière-cour. Je revis l'urgence qu'ils ressentent tant cet instant, précieux, est fugace. Ces enfants, comme tous les enfants, sont ravissants. Et les moments passés en leur compagnie, même très brefs, sont souvent remplis d'une magie dont le souvenir, durable, embellit nos journées. Leur fraîcheur, leur spontanéité, leur enthousiasme, leur naïveté nous font du bien.

Je vois encore le regard qu'a jeté un jeune garçon à son père après que Daniel eut répondu, sans la moindre hésitation, à ses deux questions lancées dans la précipitation : « *What's you name ?* », puis : « *Where do you come from ?* » Il y avait, sur son visage, tant de fierté d'avoir su se faire comprendre, et tant de fierté aussi dans le sourire que son père lui avait alors adressé, que j'en ai eu le cœur tout chaviré. Voilà deux êtres qui, le temps d'un regard, ont réussi à se dire, comme nous ne le faisons que trop peu nous-mêmes dans nos propres existences, qu'ils s'estiment l'un l'autre. Je devrais suivre leur exemple et confier plus fréquemment à mon fils que je l'aime. Et, pourquoi pas, te le confier aussi à toi, chère maman, ainsi qu'à ma blonde, à mes amis et à tant d'autres encore, y compris des Vietnamiens et des Vietnamiennes, même si leur destin ne croise le mien, le plus souvent, que fort brièvement.

Chapeau !

Au détour du méandre d'un canal si étroit que nous ne parvenons à y passer qu'à grand-peine, nous arrivons presque face à face avec un garçon d'une dizaine d'années, plutôt grand, efflanqué, debout, pieds nus, sur l'argile de la rive. Il se met immédiatement à gesticuler et lance un « *Hello !* » appuyé. Il pose ensuite la main sur ses cheveux en criant le mot « *hat* », puis le répète en pointant le doigt dans une direction que je devine soudain, après un moment d'incompréhension, être celle de ma tête. Je répète : « *Hat !* » en levant le pouce en l'air. Il y va alors d'un puissant : « *Yaket !* » en désignant son t-shirt.

— *Jacket !* dis-je enfin quand je finis par comprendre, en le félicitant une fois de plus d'un geste de la main.

Un sourire resplendissant s'épanouit alors sur son visage. Un sourire pareil n'a vraiment pas de prix.

Savoir sourire

Il est des gens, chez nous, qui ne sourient jamais. Il en est même beaucoup. Je l'ai toujours su, sans y prêter particulièrement attention, et tu as dû, toi aussi, t'en rendre compte. Nous croisons le regard de quelqu'un, et celui-ci détourne aussitôt les yeux, sans nous adresser le moindre signe pour nous assurer qu'il nous a bien vu. Au mieux, nous avons droit à un sourire timide, qui s'efface rapidement, ne laissant en nous qu'une impression fugace. Les bons sourires francs sont des événements si rares que nous avons généralement de la difficulté à nous en détacher. Nous nous en trouvons même parfois complètement chaviré. Puis, leur souvenir nous obsède, au point que nous prêtons aux personnes qui nous les ont offerts des sentiments disproportionnés, du genre de ceux qui nous délivreraient de toutes nos déceptions, de nos désillusions, de nos espoirs déçus. Mais le moment de grâce ne revient pas, et nous restons seul avec notre sentiment d'abandon.

Or, au Viêt Nam, on nous sourit constamment. On le fait parfois d'un air gêné, pour s'excuser, exprimer un malaise, cacher sa déconvenue. Mais on sourit aussi pour nous accueillir, nous souhaiter la bienvenue, nous faire part de la joie qu'on éprouve à se trouver en notre compagnie, nous parler du bonheur qu'on ressent au contact de l'humanité qui est la nôtre. Et il suffit que nous souriions à notre tour pour que les sourires se démultiplient. Je souris, tu souris, elle sourit, nous sourions de partout et notre joie grandit, s'épanouit, fait des petits.

Comment ne pas succomber à un plaisir si contagieux ? Étrangement, chez les touristes que nous croisons dans les hôtels et les restaurants, le sourire manque le plus souvent à l'appel. On apostrophe le garçon d'hôtel ou la serveuse, on les rudoie, sans même leur accorder l'aumône d'un regard, pour un oui, pour un non, pour cent fois rien du tout. Le Việt Nam, pourtant, ne sera jamais plus l'Indochine, pas plus qu'il ne vivra sous la botte des Yankees.

Et nos chers amis vietnamiens sourient, encore et encore, immanquablement. Ils sourient à pleines dents devant ces visiteurs qui n'en connaissent pas la valeur et préfèrent s'isoler, se renfrogner, se ratatiner de suffisance et de mépris. Tant pis pour eux ! Ils mourront dans une moue de dégoût sur leur vie ratée et nous en aurons oublié jusqu'au souvenir quand le sourire de nos hôtes vibrera encore, puissant et souverain, au plus profond de nous.

Deux singes et quelques crocodiles

La dame qui nous guide dans les méandres du Mê Kông appartient à ce type de femmes fortes, fières et indépendantes, que j'ai rencontrées par milliers en Afrique de l'Ouest, des femmes travaillant sans relâche, du matin au soir, mais gardant toujours le sourire, malgré les difficultés de la vie, et affichant un optimisme inébranlable.

Celle-ci a trente-cinq ans et vit seule avec deux enfants de neuf et deux ans dont elle est l'unique gagne-pain. Il n'y a pas plus serviable qu'elle : elle nous donne la main pour nous aider à descendre à chacune de nos escales, nous explique ce que l'on vend dans les marchés flottants, nous enseigne patiemment comment disposer le poisson, les légumes et la coriandre dans nos galettes de riz. Mais c'est surtout son humeur ricaneuse qui la distingue. Chaque instant est prétexte à rire. Un moment, pour se moquer de nous, elle nous invite à prendre garde aux crocodiles. Et lorsque nous faisons halte dans une drôle de ferme écologique d'avant-garde — qui comporte un petit restaurant familial où l'on sert les poissons d'une mare qui se sont nourris des déjections de cochons eux-mêmes engraissés à partir des restes de nos repas —, elle n'hésite pas à taquiner Daniel qui vient de grimper à un arbre :

— *Monkey !* dit-elle en se grattant les aisselles.

Elle éclate de rire, le raille encore, puis monte dans l'arbre à son tour et le poursuit quelque temps en le montrant du doigt.

— *Monkey !* répète-t-elle en riant de plus belle.

«Tu peux bien parler…» semble se dire Daniel en essayant de lui échapper, un peu surpris mais enchanté d'avoir trouvé une nouvelle compagne de jeu.

La pinède

Nous sommes arrivés à Đà Lạt en même temps que tout Hồ Chí Minh-Ville, ou à tout le moins tout ce que la cité compte de gens suffisamment fortunés pour se transformer en touristes à l'occasion du long congé du Tết. Les hôtels étaient bondés et, après trois heures passées à cogner à toutes les portes, alors que le soleil avait déjà glissé depuis longtemps sous l'horizon, nous avons dû nous rendre à l'évidence : il n'y avait, dans toute la ville, aucune chambre disponible pour poser nos bagages. Il a fallu compter sur l'esprit d'abnégation — ou l'appât du gain — d'un habitant nous ayant offert une chambre dans son propre appartement pour nous tirer de ce mauvais pas.

Le lendemain matin, nous avons amorcé notre découverte de Đà Lạt par une balade dans le quartier regroupé autour de l'église. J'ai éprouvé une drôle de sensation à cheminer au milieu de ces bâtiments de l'époque coloniale — l'église, le bureau de poste, l'ancien hôtel Dalat, le café de la poste — par une fraîche matinée qui me rappelait les beaux matins d'été de chez nous. S'il n'y avait eu quelques marchandes au chapeau conique, je me serais cru dans un village européen. Il est vrai que Đà Lạt, située à mille cinq cents mètres d'altitude, jouit d'un climat tempéré qui en a fait, à partir du début du vingtième siècle, une destination privilégiée pour l'élite française cherchant à fuir pendant quelques jours la moiteur étouffante de Sài Gòn et du delta du Mê Kông. Aujourd'hui, la ville n'offre plus le calme et la quiétude qui devaient constituer autrefois une bonne part de son attrait. Mais elle conserve toujours un charme indéniable.

Nous sommes ensuite allés nous promener dans la campagne environnante, où nous avons été étonnés de découvrir les vastes pinèdes qui ceinturent la ville. Dire que tu nous imagines sous les cocotiers! Certes, il est toujours étrange, pour un enfant des pays nordiques, de se trouver devant une forêt de pins naturelle au beau milieu des tropiques. La première fois que cela m'était arrivé, c'était en Haïti, dans un lieu connu sous le nom de «Forêt des pins», près de laquelle j'avais aussi pu observer un champ de fraises expérimental et un verger de pommiers. Quelques années plus tard, j'avais été éberlué d'apercevoir, tout près de la ligne équatoriale, des paysannes kenyanes aux vêtements bariolés et leurs étals de fruits tropicaux disposés à l'ombre de pins gigantesques. Mais nulle part ailleurs qu'à Đà Lạt, les grands pins des tropiques ne m'ont paru à ce point faire partie intégrante du paysage régional. Aujourd'hui, pourtant, une bonne part de cet écosystème est menacée. La forêt cède constamment du terrain à la ville, aux caféiers. Et je m'en afflige, en savourant un délicieux café moka de la région, assis sur la terrasse ombragée d'un petit hôtel construit, pour des touristes comme moi, sur un terrain qui appartenait autrefois à la pinède. Mes contradictions sont déconcertantes.

L'identité

Nous sommes allés nous balader sur le bord du lac Tuyền Lâm, qui est situé à quelques kilomètres de Đà Lạt, au beau milieu de la pinède. En ce long congé du Tết, nous étions loin d'être les seuls à en avoir eu l'idée : avec nous, des centaines, voire des milliers de Vietnamiens profitaient de ce qu'ils avaient un peu de temps libre pour flâner, en famille ou entre amis, dans les jardins de la pagode surplombant le lac, ou pique-niquer, près de la rive, à l'ombre des conifères.

Après avoir offert pour la forme un peu d'encens à Bouddha, Daniel a dévalé les marches de l'escalier menant au lac, non sans s'arrêter à deux ou trois occasions pour taquiner des bambins chaque fois ravis de l'attention qu'il leur manifestait. Nous l'avons suivi jusqu'à une jetée où une famille de Saïgonnais s'apprêtait à louer une chaloupe afin de se rendre de l'autre côté du Tuyền Lâm. Daniel s'est mis à échanger avec eux et il l'a tant et si bien fait que nous avons fini par les accompagner dans leur embarcation.

C'était bon de sentir sur mon visage la brise du large chargée des effluves de l'eau fraîche. Je me suis aussitôt retrouvé trente ans en arrière, en compagnie de mon père, sur un de ces lacs si splendides de la forêt boréale : une truite mouchetée qui frétille au bout de ma ligne, un orignal qui patauge dans la vase à la recherche d'un peu d'herbe folle, une douzaine de becs-scies suivant leur mère à la queue leu leu, un huard pleurant au loin son cri déchirant, le goût de l'eau, un doux zéphyr à l'odeur de sapinède… C'est depuis ce temps, je crois, que j'aime le vent, qui sera toujours pour moi symbole de liberté.

Étrangement, cette liberté reste aussi, dans mon esprit, associée à l'eau, celle des lacs, des ruisseaux, des rivières, mais également de la pluie. Jamais, en fait, je ne me sens aussi libre et, par conséquent, heureux — vivant! — que sous une pluie battante par les jours de grand vent. Quand tout le monde s'est réfugié chez soi, dans son salon, devant la télévision, il faut me chercher dans les rues de la ville, par les champs et les bois, sur le bord du fleuve ou au milieu d'un lac immense, à pied, en canot ou à vélo, le corps trempé, le visage ruisselant, mais le cœur débordant de joie. L'heure de l'orage, de l'averse, de la rafale, de la bourrasque, est celle des accomplissements.

Il n'y avait ni pluie glaciale ni vent violent sur le lac Tuyền Lâm, mais de l'eau, tout de même et, tout autour, un paysage ravissant fait de pins élancés — à l'ombre desquels paissaient par endroits quelques bœufs —, de caféiers en fleurs, d'arbres fruitiers et de jardins maraîchers qu'irriguaient des paysans protégés du soleil par leurs larges chapeaux de feuilles de latanier. Comment ne pas y éprouver un délicieux sentiment de bien-être?

Nous avons fini par accoster à l'autre extrémité du lac pour y faire halte une heure ou deux. Et c'est là, dans une petite gargote au toit de paille, que nous avons croisé pour la première fois, après trois semaines de pérégrinations, des gens de notre pays, une dame dans la jeune quarantaine et sa fille âgée de quinze ans. Toutes deux nées à Hồ Chí Minh-Ville, elles résidaient depuis quelques années à Montréal, qu'elles avaient quitté temporairement pour prendre des vacances au Việt Nam à l'occasion de la fête du Tết.

Seule la fille s'exprimait sans mal en français — un français impeccable truffé des expressions typiques des adolescents québécois —, et c'est donc surtout avec elle que nous avons discuté. Au bout d'un moment, elle a fini par nous avouer son tiraillement entre deux villes, deux groupes d'amis, deux cultures, deux modes de vie, et la difficulté qu'elle éprouvait parfois à vivre une pareille tension : à Hồ Chí Minh-Ville,

70

elle n'est plus tout à fait Saïgonnaise, tandis qu'à Montréal, elle ne pourra jamais vraiment devenir une Montréalaise comme les autres.

Anna a essayé de lui faire comprendre que sa double appartenance constituait une véritable richesse. Mais j'ai eu le sentiment qu'elle n'en avait pas encore tout à fait pris conscience. Notre identité, pourtant, ne peut être que multiple. Il y aura toujours en moi, tu le sais bien, un petit gars du Lac-Saint-Jean. Cependant, je suis aussi devenu, avec le temps, un résident de la ville de Québec, comme je suis également un père, un ami, un amant, avec un brin de Côte d'Ivoire, d'Haïti, d'Italie et, petit à petit, de Việt Nam au fond de moi. Qu'on s'avise un jour de m'enlever ne serait-ce qu'une toute petite parcelle de cela, et ce n'est déjà plus moi.

Vioc, vamp et voyou

Pour la première fois depuis notre arrivée au Việt Nam, nous avons ouvert la télé, afin de voir ce qu'elle a à offrir aux spectateurs. Nous avons eu la surprise de tomber sur une émission de TV5 dans laquelle un adolescent français s'en prenait à son père en le traitant de vioc. Daniel, qui ne saisissait pas très bien ce que cela signifiait, m'a demandé :

— C'est quoi, un vioc ?

— Un vieux.

— Ah ! Je croyais que ça avait rapport avec les Việt.

— Non, non. Ça n'a rien à voir.

— Papa ! Je blaguais !

— …

— Je voyage donc avec un vioc, a-t-il dit après quelques secondes de réflexion.

— Et moi avec un voyou, ai-je répliqué en feignant de vouloir lui donner une claque à la figure.

Il a ri, puis s'est tourné vers sa mère.

— Qu'est-ce que tu fais avec un vioc, maman ?

Il a grimpé sur ses genoux, puis a poursuivi :

— Toi, si jeune et si jolie…

— Une vraie vamp, en effet, ai-je dit d'un ton ironique.

— C'est quoi, une vamp ?

— Une femme fatale qui met son homme dans le trouble, ai-je répondu en souriant de toutes mes dents.

— Méchant gros trouble, a raillé Anna. Tu fais pitié.

— Vraiment pitié ! a insisté Daniel.

Il a réfléchi un moment avant de conclure :
— Vioc, vamp et voyou : on fait un vrai beau trio !

Frères de sang

Même si rien, dans leur comportement, ne le laisse soupçonner, je me fais parfois la réflexion que ce ne doit pas toujours être facile, pour nos hôtes, de s'afficher avec des étrangers. Nous avons tendance à oublier que celui ou celle que nous aimerions voir nous recevoir avec plus d'empressement aurait mille raisons de se montrer moins aimable qu'il ne l'est. Or, je dois reconnaître que la chaleur des gens d'ici, pour peu que nous osions porter sur eux un regard et leur accorder un minimum d'attention, ne serait-ce qu'en leur offrant un simple bonjour, m'étonne autant qu'elle me ravit.

Je me serais attendu de leur part à un peu plus de circonspection, à un brin de méfiance et même, à l'occasion, à une certaine hostilité, étant donné les vicissitudes de leur histoire et les profondes blessures qu'elles ont causées, sans oublier notre indécente opulence. Mais des décennies de colonialisme, des guerres qui ont fait des millions de morts, sans compter les veuves, les orphelins, les estropiés, les sans-logis et les paysans rongés par la famine, puis des années de répression, de pauvreté, d'isolement, ne semblent avoir en rien altéré le naturel accueillant des habitants de ce pays. Nous avons beau être riches et avoir la peau «blanche» des Yankees, on nous reçoit constamment avec bienveillance. On nous fait même l'honneur de nous donner le sentiment d'être généreux dès que nous daignons accomplir le minimum : oser un regard, laisser un sourire effleurer nos lèvres, souhaiter le bonjour, montrer que nous apprécions ce qu'on nous donne.

Pour aussi peu que cela, j'ai parfois l'impression qu'on nous offrirait la lune. Je sais pourtant pertinemment qu'accorder sa confiance à un étranger ne va pas nécessairement de soi. Il faudrait pour cela qu'il la mérite. Or, ce n'est malheureusement pas toujours le cas.

Je me souviens de cet homme dont la maison était située juste en face de la mienne quand je résidais en Côte d'Ivoire, il y a déjà vingt ans. Bien plus qu'un simple voisin, il était rapidement devenu un ami, un de mes nombreux «frères» ivoiriens. Je mangeais chez lui deux ou trois fois par semaine — du «foutou», un mets à base de manioc et de banane plantain dont je ne me lassais pas —, il me faisait découvrir la musique de sa région — le Rossignol d'Ananguié, Abenan Louis — et nous discutions de choses et d'autres — politique, culture, société, température —, généralement autour de deux litres de bière — les grosses bouteilles venaient toujours par paire — ou d'un carafon de «koutoukou», un alcool fort obtenu en distillant la sève du palmier.

Or, un jour, il décida de m'inviter à l'accompagner, avec les membres de sa famille, dans le village où il était né, à quelques dizaines de kilomètres de la petite ville de province où nous habitions, afin de célébrer le mariage d'une de ses cousines. Nous partirions le samedi matin, participerions aux festivités qui s'étireraient sans nul doute jusqu'à une heure avancée de la nuit, dormirions chez sa mère — une belle dame au visage sillonné de rides et au regard très doux dont j'avais déjà eu la chance de faire la connaissance —, puis rentrerions sans nous presser le dimanche après-midi. J'ai aussitôt accepté son invitation avec enthousiasme. Il s'en est montré honoré.

Le jour prévu, mon ami a loué un taxi de brousse et nous sommes partis, avec son épouse et ses enfants, vers son village. On m'y a reçu comme un roi. J'ai mangé presque sans discontinuer, surtout du «foutou», qu'on me servait avec de la viande de brousse — agouti, rat palmiste — agrémentée d'une sauce aux graines de palmier ou aux piments forts — le «bié-cosseu». J'ai aussi bu plus que de coutume — «koutoukou», bière, vin de palme. Mon hôte me présentait à tous les gens du village — parents, frères et sœurs, neveux et nièces, cousins et cousines, amis d'enfance. Nous avons parlé, parlé et parlé encore, ri souvent à ne plus savoir nous arrêter, dansé jusqu'aux petites heures du matin. Mais de tous ces moments de joie partagés, un, en particulier, me revient constamment en mémoire.

Nous dansions, en groupe — plus qu'un mode d'expression, la musique, indissociable de la danse, est avant tout, en Côte d'Ivoire, un moyen de communication —, dans une ambiance on ne peut plus festive, même si la fête ne venait que de commencer. Puis, à un certain moment, mon ami qui, comme moi, avait déjà un peu trop bu, s'est mis à crier, afin de m'encourager :

— Vas-y, Yapi — c'est le surnom, tu te rappelles, qu'on m'avait donné —, vas-y, j'ai confiance en toi !

Il a vacillé un peu — il était ivre — et s'est époumoné encore :

— J'ai confiance en toi, Yapi, j'ai confiance en toi, danse !

J'ai réalisé alors, d'un seul coup, toute la portée de sa décision de m'accueillir dans son village. Pour parler franchement, il n'était pas du genre à frayer avec les « Blancs ». Le travail forcé du temps de la colonisation, puis l'attitude franchement méprisante de la plupart des Français qui étaient demeurés en Côte d'Ivoire après l'indépendance, lui étaient restés sur le cœur. Il n'avait donc accepté notre amitié, fruit du plus étrange des hasards, qu'à son corps défendant. Et il fallait que tout le monde comprenne bien qu'il ne m'avait pas invité en raison de la couleur de ma peau : je n'étais pas plus de « ces Blancs-là » qu'il n'était de « ces Africains-là ». J'étais Yapi, Ivoirien, frère de sang.

J'en fus touché, extrêmement touché, et heureux. Mais les liens de parenté comportent aussi leur lot de responsabilités : il ne m'était plus permis de n'agir qu'à ma guise, au risque de froisser mon frère. Et je devais faire tout ce qui était en mon pouvoir pour montrer que je méritais sa confiance.

Aujourd'hui, au Việt Nam, des gens me sourient, me tendent la main, m'adressent la parole, rient avec moi. De telles manifestations sont loin d'être anodines et je dois les apprécier à leur juste valeur. Elles me confèrent aussi une obligation, celle de ne pas décevoir mes hôtes. Comment y arriver? Tu prétendrais sans doute qu'un profond respect, celui de la dignité qui réside au cœur de chaque être humain, en est la clef. Cela paraît si simple, et pourtant…

La belle aubaine

Daniel et moi, qui vivons sans montre depuis des mois, venons de trouver dans une modeste bijouterie de Đà Lạt ce dont nous avons besoin pour nous donner enfin l'heure juste. Les montres valent 70 000 đồng chacune. Après une courte négociation, la vendeuse accepte de laisser partir la paire pour 130 000 đồng. Une aubaine.

Je paie. Daniel est enchanté. Sa nouvelle acquisition lui plaît bien.

— Elle est vraiment belle, dit-il.

— La mienne aussi.

— C'est vrai. Mais la mienne a coûté 10 000 đồng de moins que la tienne…

Love

Dans chacune des villes où nous posons quelque temps nos bagages, Daniel arrive à dénicher des compagnons de jeu. Un jour, ils s'amusent avec des billes. Le jour suivant, ils jouent au ballon chasseur — où tout ce qui vous tombe sous la main peut servir de ballon. Il y a aussi des acrobaties de toutes sortes, et ce drôle de divertissement auquel je n'ai encore rien compris — il faudra que je demande à Daniel de me l'expliquer — sinon que chacun s'affaire à renverser une canette vide en lançant vers elle une de ses sandales. En fait, les enfants sont très inventifs dès l'instant où il s'agit de se divertir.

Ce matin, ils l'ont fait dans un site des plus agréables, un parc urbain en bordure du lac Xuân Hương, à Đà Lạt, ce qui nous a permis de nous détendre dans un cadre reposant, très calme et propice à la contemplation. Des touristes vietnamiens se baladaient en pédalo sur le lac, d'autres se promenaient sur la rive, d'autres encore pique-niquaient en famille au milieu du parc. Daniel a d'abord convaincu deux garçons de descendre de leur bicyclette pour jouer avec lui au «cầu», l'équivalent vietnamien du Hacky Sack, un «hakki» qui ressemble à une fléchette à ressorts ornée de plumes. Une fillette s'est jointe à eux, un peu gênée, puis deux autres garçons, et enfin des jumelles, ravissantes, avec leur sourire constamment accroché aux lèvres, sans compter leurs prunelles noires au regard franc, leurs pommettes saillantes et leurs longs cheveux de jais qui pendaient jusqu'au milieu du dos. Cela commençait toutefois à faire beaucoup de monde pour un seul «cầu», et ils ont bientôt changé de jeu pour entreprendre une partie de cache-cache. Daniel a d'abord essayé de compter en langue vietnamienne, mais il n'y arrivait guère et a fini par opter pour l'anglais. De toute façon, la langue qu'il utilisait importait peu : chacun comprenait aisément de quoi il retournait.

Je les ai regardés jouer un temps en mesurant mentalement l'étendue du gouffre qui existait entre ma propre enfance et celle de mon fils. La sienne est pleine de gens, animée, ouverte sur le monde. La mienne était une enfance de reclus. Je n'avais tellement plus l'habitude de mes semblables que j'en étais venu à me complaire dans la solitude. Celle-ci, pourtant, me pesait. C'était un fardeau immense, tellement lourd à porter ! Comment suis-je arrivé, petit à petit, à me défaire de ma timidité extrême ? Une telle victoire demeurera toujours pour moi une des plus grandes énigmes de mon existence. Certains, bien sûr, m'ont montré la voie. Certaines, aussi, que je ne saurai jamais assez remercier. Mais il fallait tout de même que j'aie en moi la force suffisante pour rompre avec mon passé, pour larguer les amarres, pour hisser haut les voiles et faire confiance au vent qui nous porte ! Certes, je ne suis jamais arrivé à me débarrasser de toutes mes chaînes. Néanmoins, la compagnie des êtres humains, que j'appelais de tous mes vœux autant que je la redoutais, a fini, peu à peu, par me devenir naturelle. Et je ne souhaite plus que rarement être seul. Ai-je transmis à mon fils, dès sa naissance, tous les manques que j'ai vécus ? Toujours est-il qu'il n'a pas attendu longtemps avant d'aller au-devant des gens. Là où je restais sur le seuil, il franchit résolument la porte. Là où je refrénais mon élan, il s'élance droit devant. Là où mon cœur s'arrêtait de battre, il ouvre grand le sien. J'en suis heureux. Immensément heureux. Je crois même que j'aurais eu beaucoup de difficulté à supporter qu'il soit pareil à l'enfant que j'étais. Sa sociabilité, d'ailleurs, lui va fort bien. Car ce qu'il donne, on le lui rend, bien souvent, au centuple.

Il s'est retrouvé soudainement devant nous pour une séance de photos de groupe avec ses compagnons de jeu. Ils étaient beaux à voir aller, épaule contre épaule et riant à gorge déployée. Puis, des parents ont sonné l'heure du départ et les enfants se sont mis à se disperser les uns après les autres. Les jumelles ont été les dernières à partir. Avant de s'éloigner, elles ont toutefois tenu à offrir à Daniel un petit présent afin qu'il n'oublie pas aussitôt leur rencontre. C'était un cadeau charmant : au milieu d'un papier collant en forme de cœur, on trouvait leur photo imprimée en couleur avec, écrit dessous, bien visiblement, quoique à l'envers — une erreur d'impression —, un petit mot de quatre lettres : «*Love*».

— Elles sont jolies, ai-je dit en badinant comme pour le féliciter.

— Papa ! s'est-il offusqué. Ne va pas penser que…

— Je sais, je sais…

J'ai hésité un peu avant de poursuivre, jetant d'abord à Anna un regard de biais afin de m'assurer qu'elle ne m'écoutait pas, car je savais qu'elle n'aimerait guère ce que je m'apprêtais à dire.

— C'est quand même mieux que si elles étaient vraiment laides, non ?

— J'avoue, a-t-il répondu en souriant.

Une belle indifférente

Nous sommes repartis tranquillement vers le centre-ville de Đà Lạt. Daniel tenait son petit collant bien calé au fond de sa poche. Près du marché, alors que sa mère et lui étaient absorbés dans la contemplation de je ne sais quelle vitrine, j'ai abordé, pour une raison ou sous un prétexte que j'ai fini par oublier — le nom d'un fruit, le choix d'un restaurant, une direction —, une jeune femme on ne peut plus ravissante. Nous avons discuté quelque temps de ce rien à propos duquel j'avais osé lui adresser la parole. Puis, le sujet épuisé, nous nous sommes salués poliment avant de nous séparer.

— Tu fais une drôle de tête, a dit Anna quand je les ai rejoints près de leur vitrine.

— Ah ! bon…

La belle indifférente ne m'avait remis aucun cœur avec sa photo et le mot « *Love* » écrit dedans. Comment ne pas en être un peu déçu ?

Prendre un enfant par la main

À mesure que Daniel avance en âge, il m'arrive de plus en plus fréquemment, lorsqu'il se colle contre moi, se pend à mon cou, se perche sur mes genoux, de sentir qu'on pose sur nous des regards étonnés. Ces regards sont le plus souvent bienveillants, quelquefois amusés, mais parfois aussi réprobateurs. On a si peu l'habitude de voir un garçon de onze ans tenir son père par la main, l'embrasser sur la joue, laisser glisser sa tête sur son épaule que de telles marques d'affection en deviennent presque suspectes. On trouve que cet enfant ne sait pas grandir ; que ses parents le maintiennent dans l'enfance alors qu'ils devraient plutôt s'efforcer de l'en faire sortir au plus vite. Cela est peut-être moins vrai au Việt Nam qu'au Québec, mais ce l'est quand même aussi un peu : la tendresse envers les jeunes est surtout une affaire de femmes, et concerne les filles plus que les garçons.

Il en était de même, du reste, dans ma propre enfance. Si j'ai gardé en mémoire la magie de ces moments bénis où mon père me faisait sauter sur ses genoux, si je me rappelle avec une grande clarté toutes ces journées qu'il a consacrées ensuite à m'initier à l'art de la pêche, je n'ai guère souvenir qu'il m'ait témoigné beaucoup d'affection. Ce constat n'est pas un reproche : je n'ai pas le sentiment d'avoir manqué de quoi que ce soit dans mon jeune âge et j'ai toujours eu la conviction que mon père et toi avez fait tout ce que vous pouviez pour me rendre heureux. Mais on n'élevait pas un enfant de la même manière il y a trente ans qu'aujourd'hui.

C'est normal : il fallait s'adapter à un monde qui n'était pas celui dans lequel on vit actuellement. Le fait que j'exprime plus aisément ma tendresse envers mon fils que ne le faisait mon père avec moi ne dépend donc probablement que très peu de moi-même. C'est l'histoire commune à notre époque, dans ma société, pour les gens qui ont un bagage semblable au mien, qui en est pour beaucoup responsable. Quoi qu'il en soit, j'ai toujours su que mon père m'aimait, à sa façon bien sûr, mais d'un amour qui était pour moi tout à fait transparent, comme il est évident que tu m'as aimé et m'aimes encore, toi aussi, d'une manière forcément fort différente de celle de mon père, mais tout aussi manifeste.

Son amour constitue peut-être d'ailleurs la raison pour laquelle son opinion a toujours tant compté pour moi. D'autres, qui n'ont pas eu la chance de bien le connaître, ont cru que j'étais terrorisé par des jugements tranchés qui ne vous laisseraient pas une très grande marge de manœuvre, des rancunes tenaces qui ne vous donneraient guère le droit à l'erreur, la supériorité de sa raison qui ne tolérerait pas la bêtise. Or, je sais pour ma part qu'il n'est rien de vrai dans tout cela. J'ai si souvent failli qu'il y a longtemps qu'il m'aurait retiré sa confiance s'il n'avait su pardonner aux gens leurs faiblesses. Car j'ai souvent été faible, et stupide aussi, parfois. Certes, il a dû se réjouir de me voir conquérir, en grandissant, certaines de ces libertés dont il m'a appris à apprécier la valeur. Je crois qu'il lui plaisait bien que je m'affirme, ne serait-ce qu'un tout petit peu, libre penseur, anticlérical, écologiste, préoccupé par le bien commun, mais aussi grand voyageur, même s'il n'a jamais beaucoup apprécié lui-même les voyages, vaillant, sans succomber au carriérisme ambiant, célibataire endurci... Il se pourrait d'ailleurs que le premier moment de ma vie adulte où je l'ai vraiment déçu soit celui où j'ai commencé à renoncer à une part de ma liberté chèrement acquise au profit de quelqu'un d'autre que moi-même.

Je ne parle pas ici de responsabilité parentale : il m'a toujours semblé que celle-ci allait, à son avis, de soi. Le plus décevant pour lui, finalement, aura peut-être été de constater qu'il m'arrivait parfois de capituler devant une femme. Ce genre de propos te fera probablement de la peine, à toi qui n'as pas pu atteindre au lien harmonieux que tu espérais avec l'homme que tu avais choisi pour époux. Quand il s'agit de la lutte de pouvoir qui marque immanquablement la relation entre un homme et une femme, tu ne peux évidemment épouser aisément le point de vue masculin. Quoi qu'il en soit, il n'a sans doute pas été facile pour toi de constater à quel point je ressemblais à mon père. Je tiens de lui bien des traits de caractère, c'est évident, plus peut-être que de toi, du moins dans mes défauts les plus apparents, et quand j'affirme une chose pareille, tu saisis bien sûr que je ne suis pas en train de soutenir que je t'aime moins que lui. J'aime mon père, comment pourrais-je faire autrement, et non pas seulement parce que je lui ressemble. Je l'ai toujours aimé, et je comprends aisément que tu l'aies aimé, toi aussi. Mais puisque je m'adresse à toi, il convient aussi que tu saches que je t'aime également, malgré vos divergences. L'amour n'a rien d'exclusif, tu le sais bien, et plus encore peut-être depuis que nous t'avons donné un petit-fils. D'ailleurs, s'il nous faut absolument aborder la question des ressemblances entre nous, ou simplement faire mention des personnes que j'admire, sans référence aucune à leurs liens de parenté avec moi, qu'il suffise que je te confie que, bien souvent, j'aimerais pouvoir te ressembler un peu plus.

La prière

Dans le hall d'entrée de chaque maison, qui s'avère toujours d'une propreté impeccable — on doit retirer ses chaussures avant d'entrer —, on trouve un autel dédié aux ancêtres de la famille. Généralement placé sous la protection de Bouddha, dont une statuette, parfois même une véritable statue, rappelle le rôle de premier plan, l'autel comporte une relique des membres disparus de la famille qui font partie de ses ascendants les plus immédiats. Sur le meuble ancien, magnifiquement orné, que nous avons eu la chance d'admirer aujourd'hui, chaque ancêtre avait droit à une boîte de bois sculpté dans laquelle on avait inscrit son nom ainsi que les dates de sa naissance et de son décès. Ailleurs, c'est un bibelot ayant appartenu au défunt ou, pour les aïeuls des générations les plus récentes, un daguerréotype ou une photographie, qui permettent de perpétuer sa mémoire. Des fleurs, des bâtonnets d'encens, des bols, des cuillères et diverses offrandes — melons, pommes, mandarines, cochons, poulets — peuvent compléter l'ensemble.

Tous les jours, chacun des membres de la maisonnée prend le temps de s'agenouiller devant l'autel et de prier pour ses ancêtres. Que raconte-t-on dans ces prières ? Je ne saurais le dire : chacun prie en secret. Mais le fait est qu'on prend chaque jour la peine de songer à ceux et à celles qui nous ont précédé, et en particulier, lorsqu'ils ne sont plus de ce monde, aux deux êtres qui se sont unis pour nous donner la vie. Ferai-je un jour de même ? Aurai-je une pensée quotidienne pour les personnes à qui je dois mon existence, et qui ont consacré une bonne partie de la leur à assurer ma survie, mon bien-être et mon éducation ?

Je contemple une belle dame inclinée devant l'autel de ses ancêtres, dans l'odeur parfumée et pénétrante de l'encens qu'elle a allumé pour eux. Priera-t-on un jour ainsi pour le repos de mon âme ? Sans doute pas davantage que je ne l'aurai fait pour ceux et celles qui m'ont précédé. Et mon souvenir s'évanouira bien vite.

Le cireur de chaussures

Nous sommes arrivés hier après-midi à Nha Trang, une petite ville en bordure de la mer qui semble en voie de devenir une importante station balnéaire. Après avoir posé nos bagages dans le hall d'entrée de la pension familiale où nous avons élu domicile pour quelques jours, nous sommes partis à la recherche d'un endroit pour souper. Nous l'avons trouvé dans une rue tranquille, perpendiculaire au front de mer.

C'est là que Daniel a fait la rencontre d'un jeune cireur de chaussures. Petit, comme la plupart des enfants de ce pays, cheveux noirs d'ébène, yeux bridés, teint basané, il se tenait debout devant la terrasse du restaurant, absorbé par les images qui défilaient sur un écran de télévision dont on ne distinguait pourtant presque rien puisqu'il se trouvait tout au fond de la salle. Daniel lui a montré son « câu », le « hakki » à plumes vietnamien, et l'enfant s'est tiré de sa contemplation pour aller jouer avec lui sur le trottoir tandis que nous regardions distraitement le menu. Souriant constamment, riant de chacune de leurs maladresses, ils éprouvaient manifestement beaucoup de plaisir à leur jeu. Comme la parole ne leur était d'aucune utilité pour se comprendre, ils devaient, pour expliquer ce qu'ils attendaient l'un de l'autre, recourir à toutes sortes de gestes auquel chacun devait forcément demeurer très attentif. Et ils en sont rapidement venus à développer une véritable complicité.

Ce soir, confortablement assis à la terrasse du même restaurant que la veille, nous avons revu le même garçon qui tentait sans trop de conviction de dénicher des chaussures à cirer. Nous venions à peine de passer notre commande et Daniel a donc pu s'éclipser un moment pour une partie de « câu ». Puis, on nous a servi notre repas, et Anna en a profité pour inviter le nouvel ami de ton petit-fils à se joindre à nous. Il a d'abord refusé, gêné, puis s'est laissé convaincre de bonne grâce. J'ai retiré mon sac de la chaise adjacente à la mienne pour lui faire de la place et il s'est installé à mes côtés, le sourire aux lèvres. Cependant, dans mon for intérieur, je rechignais un peu. J'ai vu tant de mendiants au cours de mes périples autour du monde, tant d'enfants affamés, tant d'estropiés de toutes sortes que j'en viens parfois à ne plus leur prêter attention : mon cœur se ferme. Mais qui pourrait me le reprocher ? Mes maigres ressources ne suffiraient jamais à nourrir tous les miséreux de la terre. Je serais devenu pauvre comme Job que rien n'aurait encore changé. Et puis, si l'on veut véritablement aider quelqu'un, il ne suffit pas de lui donner du poisson : il faut lui montrer à pêcher. En fait, on risque de causer bien plus de préjudices à un homme en lui offrant l'aumône qu'en refusant de le faire. Charité n'est pas justice. Et ainsi de suite. Il n'est rien de plus aisé que de trouver des raisons pour justifier son absence de générosité.

Or, à mon grand étonnement, les serveuses n'ont pas du tout paru choquées par le geste d'Anna. Elles ont même tout fait pour accommoder l'enfant, poussant sa chaise pour le rapprocher de la table, allant quérir pour lui un bol et des baguettes et traduisant en langue vietnamienne le menu que nous lui proposions. Après quelques tergiversations, il a fini par opter pour un bol de riz accompagné de poisson.

Il a mangé le riz avec grand appétit, les yeux pétillants, mais il a fallu qu'Anna insiste un peu, comme s'il s'agissait de son propre fils, pour qu'il goûte au poisson, malgré sa faim qui crevait les yeux : manifestement, il n'avait pas l'habitude de ce genre de petit luxe. Anna s'est néanmoins montrée si convaincante qu'il a fini par vider complètement son assiette.

Tout se passait donc on ne peut mieux : les serveuses étaient des plus charmantes, comme à l'accoutumée, Anna prenait son rôle de mère adoptive au sérieux et le jouait à merveille, Daniel était ravi d'avoir son copain auprès de lui et ce dernier se remplissait le ventre sans cesser de sourire. En fait, il devenait de plus en plus évident que mes premières réticences, que je me félicitais à présent de ne pas avoir exprimées à voix haute, s'avéraient non seulement ridicules, mais d'un égoïsme désolant, pour ne pas dire désespérant : sous quel prétexte pouvait-on refuser de donner à manger à un enfant qui avait faim ? Même si ce garçon n'avait pas eu à travailler chaque jour pour gagner son pain quotidien, même si son père, comme les serveuses nous l'ont appris par la suite, ne buvait pas si souvent jusqu'à en perdre la tête, le frappant pour le punir de ne pas rapporter plus d'argent à la maison, comment pouvait-on s'interdire de partager un bol de riz avec lui ? Il fallait pour cela être totalement dépourvu de sensibilité et, pour tout dire, d'humanité.

Il y a quelques jours, Daniel écrivait, à propos des enfants qu'il avait rencontrés à Cần Thơ, sur le bord du Mê Kông : « Nous nous sommes bien amusés. Par contre, j'ai trouvé ça un peu moins drôle quand j'ai appris que certains d'entre eux étaient trop pauvres pour aller à l'école et qu'ils étaient obligés de vendre des billets de loterie dans la rue pour gagner de l'argent pour leur famille. » Il ajoutait ensuite une évidence dont nous ne nous préoccupons que trop peu, alors qu'elle devrait gouverner une grande partie des choix que nous faisons au cours de nos existences : « C'est à ce moment que je me suis rendu compte de la chance que j'ai de vivre dans un pays riche. »

Ne demande pas à Daniel s'il a le sentiment que ces enfants méritent moins que lui. Il te foudroiera du regard. Car ils furent ses amis, l'instant de quelques jeux, de véritables amis, le mot n'est pas trop fort et, quand vous êtes amis, vous l'êtes pour la vie. La réponse, pour lui, va donc de soi : « Mais ils sont pareils à moi ! »

Je n'ai plus à présent aucun doute : c'est Anna qui a eu raison en invitant le petit cireur de chaussures à partager notre repas. Et si j'étais conséquent avec moi-même, j'agirais tout comme elle, à partir de maintenant, chaque jour de ma vie.

La demande en mariage

Toujours ce côté taquin, rieur, bon enfant des Vietnamiens qui égaie nos journées et nous donne envie de crier sur tous les toits, surtout après avoir partagé une bouteille de ce délicieux petit vin blanc de Đà Lạt, que le Việt Nam est un pays merveilleux. Ce soir, c'est Daniel, une fois de plus, qui a donné le signal du début des réjouissances, dans un restaurant de fruits de mer de cette petite ville balnéaire où on nous sourit pourtant un peu moins que d'habitude, du moins au premier abord. Peut-être en est-il ainsi parce qu'on y trouve plus de touristes qu'ailleurs et que la plupart d'entre eux ne s'intéressent guère qu'à la plage et, dans certains cas, à ces filles pauvres qui aspirent à un avenir de paillettes et d'or ou, plus simplement, à un lit confortable et à des repas chauds gagnés sans avoir à trimer si dur, du matin au soir, chaque jour de leur vie, comme l'ont fait leurs arrière-grands-parents, leurs grands-parents, puis leurs parents avant elles.

Tu comprendras donc aisément que, dans un pareil contexte, Daniel finisse par s'attirer toutes sortes d'attentions — des sourires, des mots de connivence, des caresses, des chatouillements —, d'autant plus qu'il sourit, lui aussi, si aisément, et que son affection pour les gens de ce pays est tellement évidente qu'on ne peut en douter d'aucune façon.

Une des serveuses lui a demandé quel était son nom, une autre s'est informée de son âge, une autre enfin a voulu qu'il lui lise quelques passages du roman qu'il avait apporté avec lui. Elles furent bientôt cinq autour de ce livre, cinq jeunes femmes ravissantes de vingt à vingt-cinq ans, le menton de l'une appuyé sur l'épaule de l'autre, ou alors joue contre joue, enlacées, à écouter Daniel leur faire la lecture, à répéter après lui quelques phrases, à lui demander de traduire certains mots en anglais, dans une ambiance franchement ludique. Un moment, elles se sont même mises à chanter toutes en chœur : « Alouette, gentille alouette, alouette, je te plumerai… »

Tout le repas, en fait, s'est déroulé dans une atmosphère tellement chaleureuse qu'il me sera difficile de ne pas y penser quand je songerai au Việt Nam. À plusieurs reprises au cours de la soirée, Daniel s'est fait chatouiller les côtes, ou le cou, et a chatouillé en retour, parfois même après des poursuites endiablées au milieu des tables du restaurant. Nous avons aussi entonné d'autres chansons, notamment un *Happy Birthday* chanté à tue-tête pour l'anniversaire d'un client. Elles ont voulu l'apprendre ensuite en français, puis ont entrepris de nous l'enseigner en langue vietnamienne, avec un succès, je dois l'avouer, fort mitigé, malgré tout le plaisir que nous avons pu éprouver à un tel exercice. D'énormes morceaux de gâteau d'anniversaire ont ensuite abouti sans avertissement dans nos assiettes et l'une des serveuses, dont le prénom pourrait se traduire par « Nuage dans le ciel », ne s'est pas gênée pour venir « picosser » dans celle de Daniel, imitée aussitôt par une de ses camarades. J'arrête ici ma description : tu auras saisi l'essentiel. En fait, on ne peut espérer compagnie plus réjouissante que celle de ces femmes charmantes, attentionnées, enjouées, amoureuses de la vie. Or, ce fut, une fois de plus, le présent qui nous fut offert.

Il me faut toutefois te confier qu'il y eut un instant, certes très bref, mais non moins réel, où j'ai pu voir une ombre passer. L'une des jeunes femmes, certainement la plus séduisante d'entre elles, venait de me demander en souriant, non sans humour, mais avec une gêne fort explicite, si j'étais marié. Je te laisse deviner dans quel regard le ciel s'est subitement obscurci…

— Franchement ! Devant moi ! Elle a du front ! s'est exclamée Anna un peu plus tard, encore sonnée par cette effronterie qu'elle avait vécue comme un affront.

J'aurais bien voulu prendre sur mon cœur une partie de sa peine. Mais s'il me faut absolument être sincère, j'étais à mille lieues de partager ses sentiments. Et ma nuit a été bercée par de bien jolis rêves…

Se balader les seins nus

Aperçue sur la plage qui se trouve en plein cœur de la ville, à Nha Trang, une longue fille blonde aux seins nus. Ventre plat, petites fesses rebondies, seins bien pleins mais pointant résolument vers l'azur, peau brûlée par le soleil, cheveux tombant sur les épaules. Tous les hommes du pays se retournent pour la regarder passer, le sourire aux lèvres, puis échangent entre eux des regards entendus. Ce n'est pas une femme d'ici qui se promènerait si légèrement vêtue…

Je fais comme eux et l'observe du coin de l'œil en gratifiant mon voisin d'un sourire de connivence. Si au moins elle paraissait en éprouver un minimum de plaisir, me dis-je. Mais elle marche à vive allure, courant presque, comme si elle fuyait le regard de ses hôtes qu'elle fait pourtant tout pour attirer.

Quand on transgresse un interdit comme celui-là, il faut le faire la tête haute, sans se presser, avec langueur, en ondulant des hanches, avec un regard fier qui fait semblant de ne voir personne, ou alors en distribuant des sourires à la ronde. Sinon, ce n'est pas la peine. Mieux vaut dans ce cas faire comme tout le monde et s'habiller décemment, se draper de discrétion, ne serait-ce que par respect pour les vieilles dames qui ont bâti ce pays. Certes, elles savent déjà tout des regards de convoitise de leurs hommes. Mais pourquoi ajouter une inquiétude supplémentaire à leur existence qui en a déjà connu tout son lot ? S'il faut le faire, faisons-le au moins avec grâce.

Le rugby

Après avoir été frappé par une vague particulièrement puissante qui l'a complètement renversé en arrière, puis cloué au fond de l'eau pendant deux ou trois secondes au bout desquelles il n'a réussi à se relever qu'au prix de gros efforts, Daniel cligne de l'œil dans ma direction et s'écrie :

— Je m'entraîne pour le rugby !

Circulez !

Circuler à pied, à vélo, en moto, en taxi ou en autobus dans les rues et sur les routes du Việt Nam exige une bonne dose de patience et une confiance absolue en la vie. Je m'y fais un peu plus chaque jour, mais il me reste encore bien des choses à apprendre pour devenir un parfait piéton ou conduire ne serait-ce que correctement un vélo. À preuve, la réaction courroucée d'un motocycliste qui venait à contresens sur ma voie, alors que je pédalais prudemment à quelques centimètres du trottoir. Avec de véritables poignards dans les yeux, il m'a fait signe de me diriger vers le centre de la chaussée afin de lui permettre de continuer son chemin. J'étais arrivé à éviter les piétons qui traversent la rue à tout moment, les charrettes qui se dressent subitement devant vous, les motocyclettes et les vélos qui surgissent de partout, mais je n'avais pas encore pensé à l'espace qu'on doit réserver, en bordure de la route, à ceux et celles qui roulent à contresens. J'apprends, tranquillement, pas vite, mais j'apprends. Il faudra m'avoir à l'œil à mon retour !

Dernier souffle

À quarante ans, déjà, on pourrait s'incliner, tant notre corps se met alors à décliner. Sans être réduite à néant, sa vigueur n'est plus tout à fait ce qu'elle était. Il perd un peu de ses forces, n'a plus la même résistance ni la même endurance qu'autrefois. Et il lui faut un peu plus de temps pour récupérer de l'effort. Cela dit, ce corps est loin d'être complètement usé. Il lui reste encore de l'énergie et, avec elle, bien des illusions.

Peut-être en est-il toujours de même à soixante ou soixante-dix ans. Cela expliquerait pourquoi on trouve tant d'hommes de cet âge à Nha Trang, Occidentaux souvent gros, gras et bedonnants, à la calvitie prononcée, à la peau translucide, avec des poches sous les yeux et les mains couvertes de taches brunes et de veinules bleues, qui vivent en concubinage avec de jeunes Vietnamiennes de vingt ans, minces, graciles, avec des bras de velours, des seins comme des mandarines, de petites fesses rondes et un sourire d'ange. En voyant ces femmes charmantes, rieuses, pleines d'entrain, on n'a guère de difficulté à comprendre ces hommes sur le déclin de vouloir profiter d'un dernier sursaut de vie en leur compagnie, même s'il n'est pas toujours aisé de leur pardonner de le faire quand tant de jeunes défavorisés, tout autour, attendent leur tour. Comment, en effet, résister au bonheur qui frappe à votre porte au moment même où vous vous demandiez s'il était temps d'y renoncer à jamais ? On a beau vous dire qu'il faut laisser la place aux jeunes, qu'il est de votre devoir d'assumer votre rôle de grand-père, comment s'y résigner quand votre corps vous crie qu'il est toujours possible d'être père, et qu'une femme fertile le confirme en se jetant dans vos bras ?

Il nous est plus difficile, par contre, de comprendre ces jeunes femmes, à nous qui ne savons rien de ce que c'est qu'être pauvre, que de devoir travailler d'arrache-pied toute sa vie sans même avoir l'assurance que cela nous permettra de sortir de la misère qui nous afflige. Que ferions-nous dans la même situation ? Peut-être dirions-nous comme elles, en riant, qu'il vaut mieux s'attacher à un vieillard qu'à un jeune homme, car les vieux sont déjà riches, durent moins longtemps et sont plus faciles à combler sur le plan sexuel… Évidemment, tous les hommes concernés soutiendront sans ciller que leurs compagnes se sont complètement fourvoyées sur ce dernier point. Faut-il les croire ? Permets-moi d'en douter…

Gros, gras, bedonnants

Puis, on croise un jour, près de la mer, un de ces hommes bedonnants, chauve ou grisonnant, tenant par la main une fillette de douze ou treize ans. On se dit d'abord qu'on s'est trompé sur son âge — les Vietnamiennes sont tellement menues que celle-ci pourrait bien avoir vingt ans —, ou alors sur la relation qui l'unit à cet homme — il pourrait s'agir de son père adoptif. Mais à sa façon de vous crier : « *Hello !* » en passant, on devine qu'elle est née et vit au Viêt Nam, tant son salut est pareil à celui des centaines d'enfants qui nous ont souhaité le bonjour depuis le début de notre voyage. On s'approche alors un peu — le manque de curiosité est un vilain défaut — et nos dernières illusions s'envolent en fumée.

— *What's your name ?* demande-t-elle à Daniel, conquise par son charme.

Elle poursuit ensuite, fidèle en cela au scénario suivi par la plupart de ses compatriotes :

— *How old are you ?*

— *Eleven. And you ?*

— *Thirteen,* fait-elle en montrant trois doigts.

Mais son amant ne semble guère apprécier la teneur de leur conversation et la tire vigoureusement par le bras pour l'entraîner ailleurs.

Je les suis du regard tandis qu'ils se dirigent vers la plage. À un certain moment, elle l'attire vers elle et se dresse sur la pointe des pieds pour lui quémander un baiser. Mais il détourne la tête et les lèvres de la jeune fille atterrissent sur son épaule. Elle glisse alors la main dans son bras replié et tente de le convaincre de venir tremper avec elle ses pieds dans la mer. Mais il résiste et ils finissent par faire demi-tour. Pleure-t-elle ? Mon regard se brouille. Et ils disparaissent dans les rues de Nha Trang.

Voleurs de vie

Vous voulez « vivre » jusqu'au dernier souffle, fumer, vous empiffrer, boire comme un trou, en vous forçant à croire que pour être « heureux », il suffit de cela : prendre, bouffer, consommer, sans jamais vous soucier du bonheur de vos semblables. Et vous finissez par venir voler aux plus pauvres de la planète la seule chose dont vous n'aviez pas encore réussi à vous emparer : leur sourire. Mais ce sourire ne parviendra jamais à s'épanouir sur votre propre visage, tout empêtré qu'il est dans vos joues dodues au milieu desquelles il s'évanouit comme dans un gouffre.

Le riz rit

Entre Nha Trang et Hội An, on trouve une multitude de villages de pêcheurs, qui se laissent découvrir les uns après les autres, à chacun des détours du chemin. Ici, on voit, ancrées dans la baie, des dizaines de petites barques auxquelles les pêcheurs accèdent, l'heure venue, en empruntant une embarcation tressée, de forme circulaire, qui est à peine plus grosse qu'une coque de noix ; là, des filets suspendus, attachés à de longs pieux de bois ; plus loin, de vastes périmètres consacrés à la pisciculture ou à l'élevage de crevettes. Quand on délaisse la mer pour porter un instant son regard vers l'intérieur des terres, on n'aperçoit par contre que des rizières, encaissées dans les vallées, jusqu'à flanc de montagne, sur toutes les surfaces, en fait, où l'on peut exploiter l'eau des rivières, des ruisseaux, des marais, avec leur cortège de paysans peinant derrière une charrue tirée par des buffles noirs, massifs, couverts de boue, ou leur procession de paysannes repiquant inlassablement le riz, penchées face contre terre, en répétant des gestes millénaires.

Il s'agit là d'un travail fort pénible, et Daniel l'a vite compris : c'est une chose de passer vingt minutes à labourer, comme il l'a fait avec un enfant de son âge ; c'en est une autre d'y consacrer sa vie. Labour, semis, désherbage, fertilisation, démariage, repiquage, sans compter la construction des digues et l'irrigation des périmètres, puis la récolte, le battage, le vannage, le transport et l'entreposage : la culture du riz est un labeur qui n'a pas de fin. À peine en a-t-on terminé un qu'un nouveau cycle recommence. Mais le riz constitue également, dans ce pays, l'essence même de la vie. Il y en aurait, dit-on, des centaines de variétés, sinon des milliers, chacune ayant une couleur, une texture, un parfum qui lui est propre. Pas étonnant, dans ces conditions, qu'on le retrouve apprêté de mille et une façons.

Nous en mangeons chaque jour et ne nous en lassons même pas, à l'image de quatre-vingts millions de Vietnamiens et Vietnamiennes qui en ont fait leur nourriture quotidienne. Nous ne donnons presque rien en échange, juste assez pour que les paysans et paysannes qui le cultivent puissent agrémenter le leur de quelques condiments. Ils nous sourient pourtant, immanquablement, dès l'instant où nos regards se croisent. Ils vont même jusqu'à rire, à pleines dents, quand nous daignons bouger quelques doigts afin de les saluer. Et l'un des vers de mirliton que Daniel avait écrit quand il n'avait encore que sept ans — t'en souviens-tu ? — me revient subitement en mémoire :

Le riz rit :
hi ! hi ! hi !
hi ! hi !

Et je ris moi aussi, submergé par un bonheur indicible, en agitant la main en direction d'une belle paysanne dont le regard semble embrasser le monde tout entier.

Oui ! Oui ! Oui !

Un vers de plus, pourquoi pas, parce qu'il me semble exprimer à merveille l'attitude de ton petit-fils devant l'existence :

Dans la vie
du kiwi
c'est oui ! oui !
oui !

Le jardin secret

Il nous a fallu un certain temps pour nous acclimater à Hội An, pour y retrouver les lieux, les gens, les sourires qui jusqu'à présent nous ont tellement plu au Việt Nam. Certes, cette petite ville chargée d'histoire est magnifique. Épargnée par la guerre, elle présente encore, dans son cœur historique, l'architecture d'une époque où Vietnamiens, Chinois et Japonais cohabitaient pour créer une cité unique en son genre. Il est donc agréable de se balader dans ses rues étroites, notamment le soir, à la lueur des lanternes, pour y admirer sans se presser l'architecture parfois somptueuse des maisons, pour contempler les devantures des boutiques des tailleurs qui arborent de splendides vêtements, et en particulier de ravissantes tuniques de soie — les « áo dài » —, ou se laisser simplement porter par l'animation qui s'est emparée des rues, avec ses vendeuses de fruits, de confiseries et de boissons glacées, ses garçons perchés à trois sur la même bicyclette, ses fillettes qui se coiffent l'une l'autre devant les maisons, ses promeneurs endimanchés, la vie urbaine, quoi, dans toute son exubérance et sa simplicité.

Cependant, il y a aussi des touristes à Hội An, beaucoup de touristes. Aussi avons-nous été un peu déconcertés, au premier abord, de cheminer dans des rues où ne cheminaient pas que des Vietnamiens, et où l'on s'adressait si clairement à nous en tant que touristes, des touristes apportant avec eux beaucoup d'argent à dépenser, cela va de soi, pour se payer une bouteille d'eau, une orange, un café, un repas, un taxi, un tissu ou un bibelot quelconque. Or, depuis le début de notre voyage, nous n'avions dû faire face que peu souvent encore au tourisme de masse et à ses «dommages collatéraux», à l'exception peut-être du tourisme vietnamien au moment du long congé du Tết. Non pas que les touristes aient été absents des lieux le plus souvent «touristiques» que nous avons visités. Mais il nous était facile d'éviter les zones où ils étaient concentrés, et de nous bercer de l'illusion d'être les seuls Occidentaux d'Orient. À Sài Gòn comme à Cần Thơ, et même à Đà Lạt ou Nha Trang, nous pouvions arpenter des ruelles animées, pénétrer dans des marchés bigarrés, manger dans des restaurants bondés où nous étions les seuls étrangers. Le rapport avec les gens, forcément, était différent de celui qu'on a avec quelqu'un qui ne vous perçoit que comme un client potentiel.

En fait, s'il faut avouer la vérité, j'ai toujours fui, dans chacun de mes séjours à l'étranger, les touristes, les coopérants, les expatriés. J'évite de croiser leur regard, refuse de leur adresser la parole, m'écarte résolument de leur chemin. À première vue, il s'agit là d'un comportement tout à fait honorable : on ne visite pas un pays comme le Việt Nam pour rencontrer des gens qui nous ressemblent, mais bien pour s'exposer, autant que faire se peut, à un nouveau mode de vie, à des façons de faire et de penser différentes, à d'autres manières de vivre sa relation à autrui, à son quotidien, à son existence. Il faut dire également que j'ai presque toujours été déçu par la qualité des rapports que j'arrive à établir avec ceux et celles qui sont, comme moi, des étrangers de passage. Le fait que je ne parviens pas à lier avec eux de relation satisfaisante dépend bien sûr, du moins en partie, de mes propres inaptitudes. Mais il y a aussi que je supporte bien mal la part d'arrogance qu'il me semble trop fréquemment déceler chez les membres d'une grande puissance qui visitent une ancienne colonie, qu'il s'agisse de *back-packers*, de *beach boys*, d'hommes d'affaire ou de *snow birds* retraités. Même leurs jugements les plus pondérés, pour tout dire, me paraissent souvent marqués par un certain reproche, un dédain, une condamnation. Est-ce le complexe d'infériorité qui m'habitait à l'adolescence, celui d'un garçon qui se sentait rejeté parce que trop différent des autres, et n'arrivait à communiquer avec personne parce qu'il s'estimait constamment incompris, qui refait alors surface ? Je n'ai jamais aimé les airs supérieurs, les sourires suffisants, les regards hautains. Je leur préfère la modestie de mes hôtes, leur manque d'assurance face à l'étranger, les blessures et les meurtrissures de leur vie quotidienne, leur simplicité, toutes ces petites choses, en fait, qui font des gens qui ont dû lutter pour survivre, et qui l'ont fait dans la compagnie de leurs semblables, des êtres beaucoup plus attachants, généralement, que ceux qui n'ont toujours vaincu que parce qu'ils sont nés du côté des vainqueurs.

Pendant que je t'écris tout cela, un voyageur vient s'asseoir à la table voisine, bientôt rejoint par un de ses semblables. Sourires, poignée de main, accolade, plaisir manifeste de se retrouver, « Garçon ! Deux grosses bières ! », conseils à propos de sites touristiques incontournables, clin d'œil appuyé à une jolie passante, brèves confidences à propos d'une fille rencontrée la veille, cigarettes, « Garçon ! Deux autres bières ! »… Me revient alors en mémoire un court séjour que j'ai fait en Équateur, il y a près de quinze ans, alors que j'accompagnais un groupe de sept ou huit étudiants devant y effectuer, durant six semaines, un stage interculturel des plus enrichissants. Or, il était vite apparu que pour plusieurs d'entre eux — mais non pour tous, soyons honnête —, l'expérience la plus importante de ce voyage était de faire plus ample connaissance avec leurs compatriotes. Leurs amitiés réciproques, leurs beuveries, leurs chassés-croisés amoureux avaient préséance, et de loin, sur la rencontre de l'Équatorien et de l'Équatorienne. Tous étaient contents, évidemment, de se trouver en Équateur : le pays offrait un magnifique décor, une fabuleuse toile de fond pour leurs péripéties, leurs libations, leurs amourettes. Mais ils ne savaient trop que faire des Équatoriens dans leurs histoires, et pour tout dire ne s'en souciaient guère. Or, c'est parfois l'impression déplaisante que je ressens au contact de certains touristes au Viêt Nam : l'Asie du Sud-Est aura procuré de ravissants paysages à leurs aventures communes de voyageurs. Quant à leurs habitants, eh bien, ce n'étaient que des éléments du décor… Et ce sont des gens bien étranges, soit dit en passant !

Tout cela me ramène encore plus loin en arrière, jusqu'à mon premier séjour en Afrique de l'Ouest. Après quelques mois passés dans une ville de dimensions modestes où je n'avais jamais aperçu le moindre touriste, je ne voulais plus avoir de contact avec aucun « Blanc », comme si cela ne pouvait que menacer la qualité de la relation que j'étais parvenu à établir avec mes hôtes. Avec le recul, je me rends compte que je n'avais peut-être pas tout à fait tort de penser ainsi. Néanmoins, je n'ignore pas la part de prétention qu'il y avait sans doute aussi dans ce genre d'attitude. Sans compter un certain égoïsme, celui de ne pas vouloir faire l'effort de partager avec mes compatriotes mes plus belles découvertes.

Voilà donc également ce que je suis parfois : un homme suffisant, prétentieux, qui accorde plus de poids à sa propre expérience qu'à celle des autres voyageurs. Je m'efforcerai, ma chère maman, de changer un peu à cet égard. Je te le promets ! Mais — j'espère que tu sauras me le pardonner — je resterai probablement toujours incorrigible sur un point : en voyage, je demeurerai à jamais, vis-à-vis des autres touristes, tel que j'étais adolescent : discret, fuyant, réservé. Un vrai sauvage.

À bicyclette

Nous aimons beaucoup nous balader à vélo. Cela nous donne accès à des lieux que nous ne pourrions pas atteindre autrement, notamment à la campagne. Hameaux, rizières, champs de haricots et de maïs, petits ports de mer se trouvent ainsi à notre portée, même lorsque nous résidons en plein cœur d'une ville comme Hội An. Généralement, c'est Daniel qui ouvre le bal. Je ferme la route. Il prend parfois un peu d'avance, mais j'arrive chaque fois à le rattraper. Tout à l'heure, il m'a tout de même avisé, un sourire en coin :

— Si tu n'es plus derrière moi, dis-le-moi !

Grandir à Hội An

Daniel grandit, et notre séjour au Việt Nam représente une occasion privilégiée pour observer l'ampleur des changements qui s'opèrent graduellement en lui. À vivre ensemble comme nous le faisons presque vingt-quatre heures sur vingt-quatre, des semaines durant, nous finissons forcément par nous connaître un peu mieux l'un l'autre. Nous nous découvrons en effet dans des contextes qui n'ont parfois rien de nouveau, bien sûr, mais également dans des situations inattendues, qu'elles soient drôles, cocasses, exaspérantes ou touchantes. Nous avons aussi du temps pour aborder des sujets sur lesquels nous n'avons que rarement l'opportunité de nous attarder à la maison, même s'ils intéressent particulièrement les adolescents de chez nous — sexualité, alcool, toxicomanie, sport, télévision, informatique —, mais également certaines de ces questions plus complexes que la rencontre de gens de culture différente ne peut que soulever : religion et spiritualité, guerre, racisme et politique, éducation, justice, pauvreté et développement. Bouddha ne sera jamais plus pour Daniel une simple mention dans un livre : il aura assisté aussi souvent aux offrandes qui lui sont destinées qu'à la cérémonie de l'Eucharistie. Les malheureux qui ont vu leurs jambes arrachées par une mine existent à présent pour lui par delà les photos des magazines : il leur a tendu la main. Daniel a aussi pu constater *de visu* que les paysans qui produisent, à la sueur de leur front, le riz et le café que nous consommons à volonté, vivent le plus souvent dans un extrême dénuement. Et il sait désormais, pour avoir joué avec eux, que les enfants qui ne fréquentent pas l'école n'ont d'autre choix que de cirer des chaussures ou vendre des bijoux de pacotille dans la rue, du matin au soir, pour assurer leur maigre pitance.

Si le voyage offre un temps d'arrêt propice pour le voir grandir, le pays lui-même paraît donc tout désigné pour l'aider à mûrir un peu. Cela est vrai en raison de sa culture, de son histoire, de son régime politique, de son degré de richesse, qui s'avèrent tellement différents de ceux de notre pays. Mais ce l'est aussi par la vertu des Vietnamiens et des Vietnamiennes eux-mêmes, par leur façon d'accueillir ton petit-fils, par le sentiment de bien-être qu'il éprouve en leur compagnie.

J'y songeais hier soir quand il a quitté la terrasse du restaurant où nous venions de commander à manger, pour aller observer un artisan du bois à l'œuvre dans un atelier exigu situé à quelques dizaines de mètres de là. Depuis son plus jeune âge, en effet — tu as été à même de le constater —, Daniel éprouve une véritable fascination pour le travail des ouvriers, des artistes et des artisans. Il peut rester assis, patiemment, durant des heures, à épier les gestes d'un sculpteur, d'un tisseur, d'un plombier, d'un charpentier, d'un menuisier, d'un cuisinier, d'un boulanger, d'un mécanicien, d'un saxophoniste. Il s'est donc éclipsé pendant que nous attendions nos plats. Quel bonheur, tout de même, que de pouvoir, sans nous faire de mauvais sang, laisser aller un garçon de onze ans à peine, seul, dans un pays dont la langue, à l'exception de deux ou trois mots, nous est complètement incompréhensible ! Il faut pour cela pouvoir lui faire entièrement confiance, mais aussi avoir une confiance quasi absolue en nos hôtes. Or, je dois dire qu'ils l'ont gagnée sans difficulté, grâce à leur gentillesse dont je ne cesse de m'émerveiller. Certes, la qualité de l'accueil qui nous est réservé dépend aussi du fait que nous sommes des Occidentaux. Cela ne diminue en rien la valeur de cet accueil, mais permet de le mettre en perspective : nous aurions sans doute un peu plus d'efforts à accomplir pour nous faire aimer si nous étions Chinois, Cambodgiens, Soudanais ou même, nés au Việt Nam, H'Mông noirs ou Dao rouges parmi les Việt et, plus généralement, paysans parmi les gens de la ville. Néanmoins, comment ne pas être touché par le naturel avec lequel les habitants de ce pays reçoivent Daniel, comme s'il avait toujours été des leurs ?

J'ai eu une fois de plus la confirmation que mon sentiment était le bon quand je suis allé jeter un coup d'œil à l'atelier, plus par acquit de conscience que par véritable crainte — je suis tout de même responsable de mon fils —, une quinzaine de minutes après le départ de Daniel. Il n'y avait plus personne à l'ouvrage, mais plutôt cinq ou six membres d'une même famille — époux, épouse, filles, neveux — en train de jouer aux cartes avec ton petit-fils. Je me souviendrai longtemps de la scène, tellement j'en ai été ému : des gens collés les uns contre les autres — ils donnaient l'impression d'une vraie famille unie —, concentrés sur leur jeu, mais riant aussi, à chaque coup, et mon fils au milieu d'eux, parfaitement à son aise, comme s'il avait toujours été là, comme s'il ne pouvait être ailleurs, alors qu'il ne les avait encore jamais vus un quart d'heure auparavant, et qu'ils appartenaient à un pays du bout du monde qui, il y a quelques semaines à peine, lui était totalement étranger.

Le lendemain midi, dans le petit restaurant familial où nous avions choisi de dîner, Daniel a sorti son jeu de cartes de sa poche et l'a montré à la propriétaire. Elle a ri de bon cœur, visiblement enchantée, et s'est assise avec lui pour battre les cartes. Elle a joué un peu, mais a dû abandonner bien vite la partie afin de retourner à la cuisine où elle devait superviser la préparation de notre repas. Il s'est alors dirigé vers une belle aïeule qui paraissait avoir cent ans et qui était assise toute seule, dans un coin de la terrasse, à regarder les passants. Le sourire qu'elle a eu — grand ouvert sur une bouche où tenaient à grand-peine une incisive et deux ou trois molaires —, quand Daniel a brandi les cartes devant elle, valait à lui seul son pesant d'or. Ton petit-fils — j'espère que tu n'en seras pas jalouse — venait de gagner le cœur d'une grand-mère vietnamienne.

Ils ont joué plusieurs parties ensemble. Comme je n'ai encore rien compris aux règles de leur jeu, il m'est impossible de te dire qui avait le dessus sur l'autre, même si je soupçonne la dame d'avoir gagné plus souvent qu'à son tour. Cependant, je peux t'assurer qu'ils ont eu beaucoup de plaisir tous les deux.

Ce soir, Daniel nous échappera une fois de plus pour aller jouer aux cartes avec de nouveaux partenaires. Nous en sommes bien heureux, même si nous en éprouvons parfois un petit pincement au cœur. Onze ans à peine, et nous devons déjà nous préparer à le voir s'envoler…

Manger

Dans un voyage comme le nôtre, une bonne partie du temps, naturellement, se passe dans les restaurants. Trouver à manger constitue l'une de nos principales préoccupations et, il faut bien le dire, un véritable plaisir. Nous mangeons du riz, évidemment, à presque tous les repas, riz à la vapeur, riz frit, nouilles de riz, papier de riz des nems, des raviolis, des crêpes… De la soupe, aussi, le « phở » omniprésent, dont nous apprécions le parfum subtil. Un peu de viande, bien sûr : porc, bœuf, poulet, canard. Et, dans ce pays bordé partout par la mer, du poisson et des fruits de mer : thon, poisson-chat, crevettes et langoustes, palourdes, crabes, calmars. C'est pourtant la grande variété de légumes et de fruits, dont les Vietnamiens sont friands, qui nous séduit le plus. Nulle part ailleurs qu'au Việt Nam, en fait, n'ai-je vu une telle diversité. Il y a évidemment la tomate et l'ail, le concombre, l'échalote et l'oignon, mais surtout toutes sortes de plantes dont nous ne parvenons jamais à savoir le nom véritable : « épinards d'eau », « morning glory », courges et choux divers… Et puis les bananes et les mangues, la pastèque et l'ananas, le fruit du dragon, celui du jacquier, les longanes — les yeux du dragon —, les litchis, les kumquats…

Je te vois d'ici faire la grimace. Tu trouves sans doute que plusieurs des mets dont nous raffolons ne sont pas très alléchants. Rien à voir avec un steak de caribou ou d'orignal accompagné de quelques patates. Rassure-toi, cependant : à notre retour, la préférence de ton petit-fils n'ira pas au « phở », mais plutôt à l'une de tes tourtières, avec du lièvre, de la perdrix, de l'oie des neiges en abondance. N'hésite donc pas à suggérer à ton compagnon d'astiquer son fusil de chasse et de préparer ses collets : si la cuisine vietnamienne nous ravit, il n'est tout de même pas question pour nous de renier nos origines.

Non !

Drôle de phénomène, tout de même, que cette véritable aversion que les Vietnamiens semblent éprouver pour le non… Depuis que nous l'avons découverte, notre quotidien n'est plus le même.

— Non, non et non ! Nous ne voulons pas de ce bibelot ! Mais la belle dame insiste.

— *Cheap, cheap !*

— *Maybe tomorrow*, finit par lâcher Anna, excédée.

Je lui jette un regard de biais. Comment peut-elle mentir aussi effrontément ? Mais, contre toute attente, elle a droit en retour à un sourire rempli de chaleur. Celle qui tentait sans relâche de lui vendre sa camelote depuis bientôt une heure — ou du moins un temps qui m'a paru tel — baisse soudainement les bras.

— *Maybe tomorrow*, répète-t-elle avant de s'éloigner à petits pas en souriant à pleines dents.

Elle n'est pourtant pas dupe. Elle sait que nous ne serons probablement plus là le lendemain. Mais tout le champ des possibles reste ouvert. « Demain, je deviendrai peut-être riche. » « Je ne serai plus malade. » « Je t'aimerai encore. » « Il se pourrait même que je t'épouse et que je te fasse un enfant. » La vie bat toujours dans nos veines.

Mon premier souvenir

Je regarde Daniel et un souvenir, encore, me revient en mémoire, celui qui dans mon esprit restera toujours le premier, même s'il y en eut sans doute bien d'autres avant lui. Mais c'est le premier qui soit aussi net.

J'ai sept ans et demi. Tu as accouché la veille, ou l'avant-veille, je ne sais plus, de ton troisième enfant. Tu es tout juste de retour à la maison, et mon frère et moi découvrons notre nouvelle petite sœur, qui ouvre de grands yeux étonnés sur l'existence. Je l'examine, fasciné par son joli minois, ses menottes, ses petits pieds. Puis, au bout d'un moment, mon père me fait signe de m'asseoir dans le fauteuil du salon. Je lui obéis immédiatement. Il saisit alors sa petite nouveau-née et la dépose délicatement dans mes bras. Je ressens aussitôt une vive émotion que j'ai peine, aujourd'hui encore, à décrire. Je suis émerveillé ! Je me sens également, je dois l'avouer, extrêmement honoré de la confiance qu'on me témoigne en m'accordant une pareille responsabilité. Mais ce petit être qui vient à peine de naître m'apparaît en même temps si fragile, si menu, que la responsabilité qui m'incombe m'effraie aussi un peu. Si je l'échappais ? Ce serait terrible ! Aussi, je n'ose plus bouger, de crainte de faire un faux mouvement qui pourrait avoir des conséquences dramatiques. Certes, les secondes passant, je finis par me détendre quelque peu en constatant qu'aucun événement tragique n'est encore survenu. Je savoure alors pleinement ma félicité : pendant longtemps, je décrirai d'ailleurs ce moment comme étant le plus beau de ma vie !

À la naissance de mon fils, le souvenir de l'instant précis où j'ai accueilli ma sœur dans mes bras ne surgira pas tout de suite dans mon esprit. Mais quand je l'aurai vu, quelques instants après sa venue au monde, écarquiller ses beaux yeux vers moi, quand je l'aurai bercé doucement, comme je le ferai si souvent par la suite, quand je lui aurai murmuré les mots qui s'imposeront à moi pour lui souhaiter la bienvenue, je songerai ensuite à ma petite sœur, à la minute où elle est entrée dans mon existence. Ce n'est que bien plus tard, cependant, que je saisirai pourquoi ce moment représentera toujours pour moi le premier souvenir de mon enfance. Certes, tout enfantement nous rappelle sans doute notre propre naissance et, par delà, le miracle de la vie. Mais si ce moment me paraît aussi fondamental, c'est également parce qu'il constitue le souvenir fondateur du choix le plus important que j'aie fait au cours de mon existence, avec tout ce que ce choix incombe de responsabilités, mais aussi, et surtout, ce qu'il suscite d'émerveillement : celui d'avoir un enfant.

« Bienvenue, Daniel ! Que la vie te soit belle ! » Comment, maman, aurais-je pu m'exprimer autrement ?

Sac au dos, cheveux au vent

Je regrettais de ne plus avoir vingt ans, de façon à pouvoir voyager librement, sac au dos, cheveux au vent, sans autre contrainte que celle de me rendre là où m'auraient entraîné mes pas. Or, ce périple que j'entreprends à quarante ans, avec beaucoup moins de liberté qu'avant puisqu'il se fait en compagnie d'un enfant dont je suis responsable, et d'une femme envers laquelle j'ai déjà pris tellement d'engagements, me satisfait autant, sinon davantage, que les voyages de mes vingt ans. C'est que Daniel, du seul fait de son enfance, nous donne accès à un univers dont je ne soupçonnais même pas auparavant l'existence.

On peut parcourir le Viêt Nam à la hâte et s'émerveiller devant ses paysages. On peut savourer la douceur de sa cuisine, apprécier ses rues si animées, s'indigner en découvrant l'indicible horreur de son passé. On n'aura pourtant rien connu de ce qui fait la plus grande beauté de ce pays si l'on n'entre pas un tant soit peu en contact avec ses habitants. C'est une évidence. Mais comment y arriver ? Sans nous révéler toute l'essence de ce que signifie véritablement être Vietnamien ou Vietnamienne, à nous qui savons à peine balbutier trois mots dans leur langue, qui partageons si peu leurs soucis quotidiens, qui n'y avons même pas encore d'amis proches qui puissent nous introduire dans leur demeure, Daniel nous permet pourtant d'approcher ce qu'il y a de plus important en eux : leur profonde humanité.

Comment y parvient-il ? Je ne saurais le dire. Ce que je sais, cependant, c'est que l'enfant, pour peu que nous y soyons attentifs, a la faculté d'ouvrir les cœurs. Or, quoi de mieux, pour se découvrir l'un l'autre, pour aller au delà de ce qui fait de nous des étrangers, que de s'en remettre aux vertus du cœur ?

Je suis un peu gêné, je dois te l'avouer, de l'admettre. De tels propos paraissent tellement convenus ! Pourtant, je n'ai encore rien rencontré, dans ma vie, d'aussi vrai. C'est l'amour qui me bouleverse, non la raison, bien que je l'aie toujours laissée gouverner sans opposition mon existence. C'est l'amitié qui fait le sel de ma vie, même si je n'accorde à mes amis que le centième de l'attention qu'ils méritent. Daniel sait encore tout cela et, grâce à lui, je découvre un peu mieux que je ne l'aurais fait sans lui, il me semble, le Viêt Nam et les Vietnamiens. Ce n'est pas une mince contribution de sa part.

Je saisis mon sac à dos, prends mon enfant par la main. Nous poursuivrons encore un temps, guidés par son cœur, notre belle aventure. Et nous pourrons même, s'il nous en vient l'envie, laisser pousser nos cheveux. Comme à vingt ans.

Le fils parfait

À force de me voir chanter ses louanges, on finira par croire que Daniel est un enfant sans défauts. La réalité, comme tu le sais, est bien sûr fort différente. Mon fils, comme tout le monde, a ses travers. Mais est-ce une raison pour les étaler ici ? Ce n'est pas à moi de faire le compte de ses faiblesses, de ses imperfections.

Ne va pas croire cependant qu'il ait quoi que ce soit à dissimuler. Si j'ai, quant à moi, bien des secrets, quelques silences, des cachotteries, il n'en est pas de même pour Daniel. Il ne sait encore ni feindre ni voiler. Et il ne servirait à rien d'aller fouiller dans ses tiroirs : rien n'y est caché.

Pouvez-vous m'aider ?

Ah ! cet anglais hésitant que les Vietnamiens ont parfois et qui entraîne à l'occasion de drôles de quiproquos... À preuve, ce serveur de restaurant qui s'avance vers moi et demande :

— *Can you help me ?*

— *Of course*, dis-je avec empressement.

— *What can you do ?* poursuit-il.

Je le regarde d'un air hébété. Qu'est-ce que j'en sais ? Je ne trouve rien à répliquer. Jusqu'à ce que je réalise soudainement la méprise : il confond ses pronoms. Ce n'est pas : «Pouvez-vous m'aider ?» qu'il veut dire, mais plutôt : «Puis-je vous aider ?»

— *No, thank you*, finis-je par répondre. Je n'ai besoin de rien et ne peux rien pour vous.

Il me sourit, l'air satisfait, et s'en retourne comme il est venu.

Ciel, mon mari !

Puis, il y a eu cette jeune femme charmante, de fort belle apparence, qui, en me désignant du coin de l'œil, a demandé à Anna :

— *My husband ?*

Anna a avalé sa salive.

— *My husband ?* a insisté la jeune femme, qui me paraissait décidément de plus en plus ravissante.

Anna ne répondant toujours pas, elle s'est alors adressée directement à moi.

— *My wife ?* a-t-elle dit en la montrant du doigt.

J'ai aussitôt vu le visage de ma compagne se détendre. Deux secondes plus tard, elle riait à s'en tenir les côtes. Nouvelle méprise autour d'un déterminant possessif…

— *Yes, my wife*, chère demoiselle, ai-je fini par trouver la force de répliquer, blessé dans mon orgueil et, pour tout dire, un peu déçu…

Regarde-moi

Au cours de ce voyage, je passe un temps fou à observer Daniel. J'examine le moindre de ses gestes. Il faut dire qu'il m'y aura longuement entraîné. Combien de fois, depuis sa naissance, l'ai-je entendu prononcer ces trois mots : « Papa, regarde-moi ! » ? Des milliers de fois, sans doute. Plusieurs de ces moments sont restés gravés dans ma mémoire, mais l'un d'eux, en particulier, ressurgit aujourd'hui.

— Regarde-moi.

— …

— Papa, regarde-moi !

— Mais je te regarde !

— Non, tu ne me regardes pas « vraiment ». Regarde-moi « vraiment » !

Six ans à peine, et il avait déjà tout saisi.

Même si cela n'est pas aisé, je m'efforce donc de porter sur lui un regard véritable, en me demandant d'où peut bien provenir un tel besoin de reconnaissance. Certes, c'est toujours à travers le regard des autres que se construit notre identité. Aujourd'hui encore, je n'y échappe pas : n'est-ce pas entre autres pour en apprendre un peu plus sur moi-même que je t'écris ? J'imagine la tête que tu fais en découvrant les extraits de mon journal, et j'en déduis que je suis comme ceci ou comme cela. Sans doute en est-il de même pour mon propre fils. En l'observant, en l'écoutant, je lui dis constamment, par mes réactions, qui il est.

Je devrais me soucier davantage de ce que je lui raconte. À combien de reprises, dans sa courte vie, ai-je fait preuve de méchanceté envers lui ? Propos désobligeants, sarcasmes, mots blessants… Il faudrait que je lui confie un jour que je ne me déteste jamais autant que dans ces moments où je perds patience, où je lui demande d'être sage alors que je le voudrais rebelle, où je lui reproche son égoïsme quand je lui envie sa générosité, où j'exige qu'il soit un autre alors que je ne l'aime profondément que tel qu'il est.

Il est vrai que je ne lui parle guère de mon existence hors de lui. Les enfants, pourtant, adorent entendre parler de la vie de leurs parents. Mais comment lui dire l'enfant à la fois timide et révolté, l'adolescent renfermé, mais ouvert sur le monde, le frère absent et pourtant attentionné, l'amant médiocre et fabuleux, l'ami réservé et chaleureux, le bourlingueur pantouflard, le festoyeur si sérieux ? Beauté et laideur, bienveillance et cruauté, triomphes et défaites, courage et lâcheté : il y a tant de contradictions dans un homme, et tellement de tiraillements dans une vie. Il faudrait néanmoins que je lui fasse part d'au moins deux ou trois de ces choses qui comptent, les rencontres où l'on apprend sur les autres et sur soi-même, les séparations, aussi, et les choix qui marquent une existence. Car la vie d'un homme n'a que peu à voir avec sa biographie. Je lirais la mienne et je suis sûr que je ne me reconnaîtrais même pas…

Tu trouveras peut-être que ces réflexions nous entraînent bien loin du Việt Nam. Mais c'est cela aussi, le voyage. Chateaubriand n'écrivait-il pas, en décembre 1803, au cours d'un de ses séjours en Italie : « Chaque homme porte en lui un monde composé de tout ce qu'il a vu et aimé, et où il rentre sans cesse, alors même qu'il parcourt et semble habiter un monde étranger. » Ainsi, le Việt Nam me ramène constamment à toi, à mon enfance, mais aussi à ma vie présente, à mon fils et à mes illusions.

Le karaoké

Je n'aurais jamais cru pouvoir apprécier le karaoké. À notre premier face-à-face, j'avais rapidement conclu que ses participants faisaient nécessairement pitié. Il est vrai que dans ce bar miteux du Minnesota, ils étaient presque tous et toutes incontestablement laids : immensément obèses, les cheveux gras coiffés d'une casquette de baseball, le visage ravagé par l'acné, le t-shirt couvert de taches de sueur, le pantalon si bas sur la taille qu'il laissait à découvert la naissance de la fente entre les deux fesses, ils n'étaient avantagés, si j'ose dire, ni par la nature ni par la culture. Ils buvaient aussi beaucoup, beaucoup trop, serais-je tenté d'affirmer, même si je n'ai guère de conseils à donner en la matière. On devinait par ailleurs qu'ils n'étaient pas des plus fortunés, ce qui est loin d'être un défaut, mais n'arrangeait pas l'affaire. Je t'expose tout cela, tu le sais bien, sans l'ombre d'un mépris : je ne suis pas très beau moi-même et ne sais pas m'habiller. En fait, c'est surtout leur façon de se jeter sur la scène, puis de laisser jaillir leur voix, de se trémousser le corps, en y mettant toute leur âme, comme si leur avenir en dépendait, qui m'avait étonné, et pour tout dire un peu désarçonné. Peut-être parce que je suis incapable moi-même de tels excès. Ou que j'ai eu plus de chance qu'eux dans la vie.

Toujours est-il que, pendant deux ou trois minutes, la gloire paraissait enfin à leur portée. Il ne leur fallait surtout pas manquer cette occasion qui leur était offerte de quitter une vie misérable pour devenir, du jour au lendemain, les nouvelles stars que le monde entier rêvait d'acclamer. Ils chantaient donc, à pleins poumons, les plus grands succès de l'heure ou du passé, en faussant, le plus souvent, atrocement, sous les acclamations du petit groupe de leurs semblables, ceux et celles qui allaient tenter leur chance tout de suite après eux. Leur enthousiasme frôlait parfois le délire. Pourtant, je sentais confusément que c'était loin d'être une partie de plaisir. La douleur affleurait à leur peau. Leur prestation n'était, pour la majorité d'entre eux, que l'expression d'une intolérable souffrance.

Il n'y avait rien de tel dans la petite fête de famille à laquelle des Vietnamiens nous ont conviés pour célébrer le cinquantième anniversaire de naissance d'un des leurs. Que des hommes, des femmes et des enfants joyeux, rieurs, chantant parfois avec un grand sérieux, certes, rêvant sans doute aussi un peu de gloire et de richesse, mais le faisant constamment dans la bonhomie et la bonne humeur.

Je te décris d'abord un peu ces protagonistes. Dans le salon, on trouvait une vingtaine de personnes de tous âges, beau vieillard à l'air très digne, vieilles dames fort coquettes osant partager un fond de bière — qu'une d'entre elles découvrait en faisant la grimace —, frères et beaux-frères du jubilaire qui n'avaient pas attendu pour engloutir, dès le début de la soirée, une quantité impressionnante de bière, et plusieurs enfants, de deux à quinze ans, perchés sur les genoux de l'un ou de l'autre. Les sœurs, les filles et les belles-filles, quant à elles, s'affairaient à préparer le souper à la cuisine, à monter les tables et à remplir nos verres.

Ce n'est qu'après le repas, copieux comme il se doit — quoique je doute que tu eusses apprécié ses grenouilles entières —, et partagé dans la plus agréable des convivialités, qu'a débuté le karaoké. Armés d'un micro et suivant les paroles qui défilaient sur l'écran de la télévision par la grâce d'un DVD, nos hôtes ont entrepris, les uns après les autres, de chanter en vietnamien ou en anglais leurs chansons préférées. Tout le monde s'y est mis, du plus petit — quatre ans à peine — au plus grand, du beauf extraverti à la plus timide des adolescentes. Entre deux chansons, la salle était ponctuée de grands cris — Yo ! — pour trinquer à la santé des uns et des autres, les verres de bière étant à peine à moitié vides qu'on les remplissait de nouveau à ras bord. Cela ressemblait parfois à une véritable beuverie — ce fut pour tout dire un méchant party —, mais il y avait aussi les femmes, toutes sobres, pour adoucir un peu l'atmosphère, et les enfants, amusés, qui participaient à la fête avec entrain, non seulement en chantant, mais aussi en jouant aux cartes et, Daniel me l'a confié le lendemain, en se livrant même quelque temps, dans une chambre, à une inoubliable bataille d'oreillers.

Il y a également eu, ça va de soi, un énorme gâteau de fête au crémage somptueux, une séance de photos du plus beau kitsch, et j'en passe. Je ne décrirai pas tout — cela deviendrait monotone —, mais j'évoquerai tout de même pour terminer une courte scène qui te permettra, je l'espère, de saisir un peu mieux le caractère de nos hôtes.

À un certain moment, une jeune femme de la famille, que je n'avais jamais rencontrée avant ce soir-là, s'est saisie du micro et s'est assise sur une chaise à côté de la mienne. Vingt-cinq ans, très menue, comme le sont la plupart des Vietnamiennes, charmante et, pour tout dire, fort jolie, elle semblait cependant affligée d'une timidité assez marquée. Quelques instants avant d'entreprendre sa prestation, elle a posé sa petite main sur ma cuisse, m'a adressé un sourire désarmant, puis a fermé les yeux trois secondes en inspirant profondément. Elle a entonné sa chanson sur un ton d'abord hésitant, mais de plus en plus confiant à mesure que le temps s'écoulait. Tandis qu'elle chantait, sa menotte aux longs doigts effilés restait posée sur ma jambe, qu'elle pressait un peu à l'occasion, quand sa crainte de ne pas arriver à bien faire montait d'un cran, et caressait même doucement, dans un lent va-et-vient, lorsque l'émotion était trop forte. Elle me regardait fréquemment, longuement, en me souriant comme si la chanson s'adressait à moi, mais je savais pertinemment qu'il s'agissait plutôt de chercher mon encouragement, que je tentais de lui donner en lui souriant en retour afin qu'elle sache bien que son chant me plaisait. Elle faisait donc vibrer sa voix, en prenant toujours appui sur ma cuisse, comme si le contact et l'affection d'un autre être humain étaient tout ce qu'il lui fallait pour trouver la force de traverser une épreuve qu'elle désirait plus que tout affronter, mais qui lui semblait trop ardue pour elle seule.

Plus tard au cours de la soirée, je l'ai vue enrouler son bras autour de la taille d'Anna, comme nous ne le faisons qu'avec nos amis les plus proches. J'ai appris que cet homme qui trinquait si souvent avec moi en poussant des « Yo ! » sonores était son mari, et ce petit garçon qui était venu s'asseoir deux minutes sur mes genoux, son propre fils. Tout le monde nous avait vus partager un moment qui me paraissait à moi d'une grande intimité, mais personne d'autre qu'Anna et moi ne semblait y avoir porté attention : il n'y avait dans son geste aucune ambiguïté.

J'y ai rêvé un peu au cours de la nuit. Un doux songe sans concupiscence où tout n'était qu'affection, tendresse et complicité, même entre inconnus, du moment que des proches étaient avec nous pour certifier que ces gens que nous venions à peine de rencontrer étaient dignes de confiance et que nous pouvions donc nous y abandonner sans crainte. Je te prie donc, chère maman, de bien vouloir informer mes amis de ne pas se sentir effarouchés si, dans les jours qui suivront mon retour au pays, je viens par inadvertance poser la main sur leur genou. Ils devront simplement y voir la preuve que j'ai grand besoin d'eux pour passer à travers les menues difficultés que nous réserve parfois notre existence, mais aussi pour partager les petits bonheurs qu'elle sait si généreusement nous offrir.

Mon tailleur est riche

Hội An est une ville réputée pour le savoir-faire de ses tailleurs. Des dizaines de boutiques offrent des milliers de mètres de tissus à partir desquels on peut se faire confectionner, sur mesure, le chemisier, le pantalon, la veste ou la robe de son choix. Anna en a profité pour effectuer quelques achats afin de regarnir sa garde-robe plutôt mal en point, il faut le lui concéder. Voyant sur les deux lits de notre chambre, pêle-mêle, quelques-unes de ses nouvelles acquisitions, Daniel s'est écrié :

— Mon Dieu ! Quand la dame de chambre va voir ça, elle va dire à papa : « Coudonc ! Vous avez combien de femmes ? »

Le guide

Descente du bus, à notre arrivée à Hué. Nous décidons de nous rendre à notre hôtel à pied, sans demander l'aide de personne, malgré — ou peut-être en raison de — les sollicitations répétées de chauffeurs de taxi et de motocyclistes qui offrent de nous accompagner. Anna décide de nous guider, mais prend malheureusement la mauvaise direction. Nous nous en rendons compte au bout de dix minutes et rebroussons chemin sans un mot, puis poursuivons notre route jusqu'à l'hôtel. Lorsque nous l'atteignons enfin, Anna dit avec le sourire :

— Nous y voilà. Et on n'a même pas eu besoin de payer un taxi.

Et Daniel de répliquer :

— On n'a pas eu besoin de payer un guide non plus...

Aimer à en perdre la tête

Les ravages de la guerre se comptent d'abord en pertes de vies humaines. Mais il y a aussi les blessés, les estropiés, les veuves et les orphelins, les exilés, les sans-logis. Sans oublier les victimes de l'après-guerre... Au Việt Nam, chaque année, des centaines de personnes sont encore la cible d'engins explosifs pourtant largués pendant une guerre qui s'est terminée il y a plus de trente ans. D'autres ont perdu un frère, une sœur, des enfants en exil. Il en est ainsi de M. Nguyễn, un homme charmant que nous avons eu le privilège de côtoyer à Huế. Après m'avoir fait part, avec beaucoup de retenue, des atrocités commises lors de l'offensive du Têt, en 1968, puis de l'horreur des trois semaines et demie de bombardements américains intensifs subis par les habitants de la ville, il m'a appris, les larmes aux yeux et des sanglots pleins la voix, qu'il avait perdu son frère le plus proche, l'année suivante, en Belgique. Il m'a fallu quelques secondes pour réaliser ce qu'il voulait dire par là : son frère n'était pas mort, mais avait fui la guerre pour ne plus revenir. Or, malgré des demandes répétées, M. Nguyễn n'a jamais eu droit au passeport qui lui aurait permis de lui rendre visite. Tant de douleur, tant de plaies vives, encore...

Avec la guerre, viennent également bien des atteintes à la mémoire. Nous avons visité la vieille cité impériale de Huế. Quelques-uns de ses bâtiments ont plutôt bien survécu au passage du temps. Cependant, la majorité d'entre eux ont succombé aux bombardements de 1968. Les difficultés de l'après-guerre ont fait le reste. Partout sur ce site où l'on trouvait une profusion de temples magnifiques, de somptueux palais, de charmantes pagodes, tout n'est à présent que désolation. Mais s'il ne reste pratiquement plus rien de la cité pourpre interdite, on raconte encore bien des anecdotes sur la dynastie des Nguyễn, qui compterait dans la ville, si l'on se fie à chacun, des centaines de descendants. Les Vietnamiens, comme les touristes étrangers, sont friands de telles anecdotes. C'est toujours avec le sourire aux lèvres qu'ils apprennent le sombre destin de Tự Đức, le quatrième empereur de la dynastie qui, bien que pouvant compter sur la collaboration empressée d'une centaine de concubines, n'a jamais réussi à engendrer la moindre descendance. La gestion des affaires publiques devait représenter bien peu pour lui en comparaison des affres et des tourments qu'il devait supporter du fait de son infertilité. On comprend donc aisément qu'il aimât se réfugier dans le vaste domaine qu'il avait choisi pour ultime demeure — il y avait fait ériger son tombeau au milieu d'un parc, avec ses lacs, ses jardins, ses temples et ses monuments. Il y rêvait, dit-on, et composait des poèmes — il se considérait lui-même comme un poète. Il est vrai que Minh Mạng, le deuxième empereur de la dynastie, réputé pour sa droiture de caractère, se plaisait lui aussi dans le site qu'il avait élu pour son dernier repos. C'est d'ailleurs le genre de choix qui déride immanquablement les touristes : « J'organise une petite fête sur mon domaine samedi prochain. Vous êtes les bienvenus. Nous pourrons boire et danser autour de mon cercueil. »

Ce même Minh Mạng avait ordonné, semble-t-il, de ne le déranger sous aucun prétexte durant son sommeil. Tout contrevenant était passible de la peine capitale. Une de ses trois cents concubines aurait payé de sa vie de ne l'avoir pas bien compris. On raconte qu'elle l'aimait tellement qu'elle n'aurait pu s'empêcher, une nuit où elle le regardait dormir, de poser un baiser sur sa joue. L'empereur se serait réveillé en sursaut. Le lendemain, elle mourait décapitée, sur ordre de son amant, bon gouvernant et homme de principe.

La belle et le bête

J e n'en suis plus à une bêtise près. Mais Daniel en est maintenant conscient et ne se gêne pas pour me le rappeler chaque fois que l'occasion se présente.

Aujourd'hui, c'est en découvrant une jeune femme d'une beauté éblouissante, aux bras d'un homme qui ne semblait guère briller par son intelligence, que j'ai été pris au piège.

— Les jolies filles sortent toujours avec des imbéciles, ai-je affirmé sans plus de précaution.

Daniel a regardé sa mère en fronçant les sourcils, puis a rétorqué :

— Là, papa, t'es vraiment imbécile…

Anna a ri de bon cœur. Je n'osais rien répliquer, piteux d'avoir pu indirectement laisser entendre qu'elle n'était pas des plus jolies. Mais on ne se refait pas si facilement : quelques secondes plus tard, je ne pouvais m'empêcher d'émettre une nouvelle sottise — dont je te ferai grâce cette fois. Et Daniel de commenter :

— Si tu continues de même, maman va devenir un méchant pétard !

Condoléances

Mon père vient de m'apprendre par courriel que ma grand-mère est décédée. Elle avait quatre-vingt-dix-huit ans. La dernière fois que je l'ai vue, c'était, si je ne m'abuse, il y a une douzaine d'années, au cours des funérailles d'une de mes tantes. Ma grand-mère avait été très affectée par la mort de sa fille. Elle disait qu'il n'est pas normal pour une mère de voir partir son enfant avant elle. Mon père, lui aussi, paraissait ébranlé : il perdait celle de ses sœurs qu'il estimait le plus. J'imagine que c'est toujours un coup dur, de toute façon, que de se faire enlever sa petite sœur, ne serait-ce que parce qu'il est difficile de se faire à l'idée que les plus jeunes puissent disparaître avant leurs aînés.

Ma grand-mère habitait à environ cent cinquante kilomètres de chez moi. Ce n'est donc pas à cause de l'éloignement que je ne la voyais pas. Il n'y avait pas non plus de conflit entre nous. Juste une absence de relation. Il est vrai que mon père lui-même, du moins dans l'esprit de ceux et celles qui fréquentent leurs parents tous les jours, ne lui rendait que rarement visite. Ce n'est évidemment pas à moi de dire pourquoi il en était ainsi, d'autant plus que je n'en sais pas grand-chose. Certes, on n'élève pas onze enfants de la même façon qu'on prend soin d'un seul. Peut-être cela affecte-t-il un peu la tendresse qu'une mère ressent pour son fils, et vice-versa. Néanmoins, je ne suis pas sûr que ce soit nécessairement une question d'affection. Tout bien considéré, je ne rends pas visite à mes parents très souvent, moi non plus. Je vous aime pourtant profondément.

Je n'ai pas développé les mêmes sentiments envers ma grand-mère. Peut-être en est-il ainsi parce qu'il ne lui était guère possible de tisser des liens étroits avec chacun de ses trente petits-enfants. Aussi sommes-nous toujours restés plutôt distants, elle et moi. Cela explique sans doute pourquoi l'annonce de sa disparition ne m'a guère remué. Il n'en a évidemment pas été ainsi pour tous ses petits-fils. J'aurais d'ailleurs bien de la peine à imaginer que mon fils puisse réagir avec autant de flegme au départ éventuel de sa propre grand-mère. Il t'est tellement attaché ! À vrai dire, la relation qui vous unit demeure sans conteste l'une des plus belles que je connaisse. Vous vous donnez tant l'un à l'autre ! C'est d'ailleurs l'un des plus grands bonheurs de mon existence. Il faut voir comment, à chacune de vos rencontres, Daniel parvient, en quelques minutes à peine, à te faire verser des larmes de joie ! Mais comment pourrait-il en être autrement ? Il t'aime, c'est clair, et il le manifeste avec tellement de naturel. Je l'envie d'ailleurs parfois de pouvoir te serrer dans ses bras comme il le fait, de savoir t'embrasser, te parler à l'oreille, se pendre à ton cou, te bercer contre lui. Ce sont des gestes que je ne parviens pas à faire avec toi, malgré tout l'amour que j'ai pour toi. Tu les apprécierais, naturellement, je sais cela à présent que j'ai un enfant, tu en éprouves même sûrement le besoin — comment une mère n'aurait-elle pas besoin du câlin de son fils ? Mais je n'ai pas appris à le faire. Daniel joue donc ce rôle à ma place.

Je n'irai pas à l'enterrement de ma grand-mère. Je me trouve actuellement trop loin. Et j'ai appris son décès trop tard. Il serait faux toutefois de prétendre que je suis malheureux de cet état de fait. De toute façon, je n'aurais pas su comment me comporter s'il m'avait fallu assister à ses funérailles. Daniel, lui, aurait su comment agir, même s'il n'a jamais rencontré son arrière-grand-mère. Il aurait eu une pensée pour chacun de nous, mon père, mon frère, ma sœur et moi, et n'aurait eu aucun mal à nous accompagner dans la douleur. Puis, quand nous aurions eu fini de verser toutes nos larmes, il nous aurait indiqué tout doucement la voie à suivre, qui est le chemin de la vie.

Il faudra que j'exprime mes condoléances à mon père. Ça doit être dur de perdre sa maman. Je ne voudrais pour rien au monde que cela m'arrive. Et à toi, maman, merci d'être là. Vous savez à quel point je vous aime tous les deux. Cependant, si vous en doutez encore quelquefois, regardez de quelle façon mon fils se comporte avec vous et vous comprendrez que son amour, même s'il peut parfois paraître surgi de nulle part, s'est construit sur un sentiment qui existait bien avant lui.

La fête des morts

Hier, en fin d'après-midi, nous avons été invités à souper pour célébrer le premier anniversaire du décès de la grand-mère du propriétaire du petit hôtel familial où nous avons élu domicile au cours de notre séjour à Hué. C'était un réel honneur que de pouvoir partager ce repas, seuls étrangers parmi la vingtaine de membres de la famille de la défunte — ses sœurs, quatre dames très dignes, élégamment vêtues, d'un âge fort vénérable, son frère qui, sans avoir jamais quitté le Viêt Nam, parle un français impeccable, ses enfants et leurs époux respectifs, ainsi que ses deux petites-filles, ravissantes dans leurs jolies robes du dimanche.

Ce fut un véritable festin pour le ventre — riz, soupe, nouilles, «cuốn ram» (le nem du centre) et des tas de plats dont je ne connais pas le nom —, mais surtout pour le cœur, tu l'auras deviné. Ce fut aussi un événement marqué par son étonnante coïncidence avec la mort de ma propre grand-mère : comment m'empêcher de songer qu'on désirait, en m'invitant, m'obliger à avoir une pensée pour elle ?

Fêter les disparus m'a toujours paru une idée bien étrange. Hier, pourtant, j'ai trinqué plus d'une fois à leur vie et à la mienne, à nos peurs, à nos chimères, à nos joies, à nos peines et à ce besoin insatiable que j'éprouve de vous savoir pour toujours auprès de moi.

Le téléphone

J'ai reçu un autre courriel m'annonçant le décès de ma grand-mère, celui-là de la part de mon frère. Il m'y raconte qu'au moment où il raccrochait le téléphone, alors qu'on venait tout juste de lui communiquer la nouvelle, ma filleule, qui est âgée de trois ans, s'est enquise des raisons de l'appel.

— On vient de m'annoncer la mort de ma grand-maman.

Et elle de s'exclamer :

— Quoi ! Ils ont le téléphone au ciel !

C'est encore une enfant, finalement, qui aura eu le plus joli mot. L'enfant nous ramène tout de suite à la vie. Et c'est très bien ainsi.

Faire la sourde oreille

Je ne te parle chaque fois que de gens bienveillants. Ouverts, accueillants, souriants, rieurs, toujours aimables malgré leur pauvreté, le portrait que j'en dresse ressemble à celui de l'être humain idéal. Je ne suis pas loin, parfois, d'y croire, mais tu conviendras aisément que mon compte rendu est forcément partiel et partial. J'insiste sur les couleurs les plus lumineuses et laisse tomber bien des zones d'ombre. Je ne sors de ma palette que les teintes les plus chaudes. Il en surgit un paysage uni qui manque de relief, de contrastes. Comme s'il ne pleuvait jamais !

Or, le ciel est souvent gris, ici aussi. Des gens sont méchants, ou imbéciles, ou les deux à la fois, et d'autres en souffrent. Si je ne t'en dis pas grand-chose, ce n'est donc pas que ces gens-là n'existent pas. Mais ce ne sont pas eux que nous fréquentons, à moins qu'ils ne se révèlent à nous que sous leur meilleur jour. Lorsque, par hasard, nous prenons connaissance d'un côté moins reluisant de leur personne, et cela n'est pas commun, nous allons ailleurs, tout simplement, nous poursuivons notre route, et c'est comme si tout ce qui n'est pas la plus pure des générosités n'avait pas de réelle existence. Nous découvrons la joie et la gentillesse plutôt que la tristesse et la cruauté, même si la gentillesse des gens les plus démunis nous rend parfois le cœur chagrin. Et comme je ne peux rien t'écrire d'autre que ce que j'ai appris, mon récit ne traite que d'un pays et de gens fabuleux.

Certains événements, pourtant, viennent à l'occasion tempérer un peu notre enthousiasme et nous rappeler que même le touriste le plus privilégié peut être mis en contact avec une part de réalité plus sombre que celle qui lui est normalement révélée. Je ne parle pas ici des conséquences de la guerre ou de la pauvreté, par exemple, qui peuvent émouvoir les gens riches que nous sommes, mais ne nous concernent pas directement et, par conséquent, ne nous affectent guère. Je pense plutôt à ces incidents dans lesquels tout voyageur peut se trouver impliqué, volontairement ou non, à partir du moment où il vit en étroite relation avec les habitants d'un pays quelconque. Les rapports entre les êtres humains ne se construisent pas toujours dans l'harmonie.

Il y a eu par exemple ce vagabond, dans un restaurant bondé, posant brusquement la main sur l'entrejambe d'un garçon d'une dizaine d'années, estomaqué, avant de prendre la fuite en constatant que son agression ne nous avait pas échappé. Il y a eu aussi ce jeune père incapable de se dominer, vociférant, hors de lui, puis, pour une raison obscure, se jetant à bras raccourcis sur sa fille de quatre ans pour lui flanquer une raclée qui restera longtemps gravée dans nos mémoires.

Méfie-toi donc de la véracité ou, à tout le moins, de l'exactitude de ce que je relate. Mon récit, trop souvent, est celui d'un homme qui garde les yeux fermés, le dos tourné, et fait la sourde oreille à la réalité.

Avoir l'air *full cool hot*

J e me souviens soudain d'un autre de ces vers de mirliton que Daniel avait composé quand il avait sept ans. Je m'exprime ainsi — vers de mirliton — tout en sachant qu'il faut se méfier des apparences. Naïf n'est pas synonyme de niais, encore moins de médiocre, d'autant plus que son travail de création s'apparentait souvent à un «work in progress» à la mode surréaliste. Daniel lançait un mot, lui en accolait un autre, le rejetait, en choisissait un nouveau, poursuivant le manège jusqu'à ce qu'il fût satisfait du résultat, ce qui survenait géné-ralement assez rapidement. Qu'en était-il cette fois-là?

> *Les carottes*
> *pour avoir l'air « hot »*
> *font des rots*

Vers de mirliton? J'imagine pourtant aisément deux carottes anthropomorphes — car c'est bien d'une fable qu'il s'agit — marchant d'un air faussement détaché devant une assistance de légumes variés. Une telle image en dit beaucoup sur nous : désir de (bien) paraître, de séduire, de se montrer au-dessus de tout, malgré le malaise que l'on ressent, ces choses qui passent mal, indigestes. Vers de mirliton, assurément, puisqu'ils ont tout de la flûte à l'oignon, de la flûte en roseau avec laquelle on fanfaronne un air nasillard. Mais le clown n'en est pas moins sensible. Dans un monde raffiné, on fait mine de ne pas s'en apercevoir. Le joueur de mirliton, comme le petit joueur de flûteau de Brassens, semble bien loin de tous les grands de ce monde. Pourtant, il a remarqué leur parade.

Et la rime? Il ne faut pas dénigrer son importance. Le son n'est-il pas à l'origine du cosmos, selon de vieilles conceptions indiennes? La connaissance surgit aussi d'auditions…

Mais quelles sont ces carottes auxquelles il fait référence? On y trouve de ses amis, sans aucun doute, de ses camarades de classe. Un peu de lui, aussi? J'aimerais tant qu'il ne soit pas concerné, qu'il demeure à l'écart de cette esbroufe. Mais toutes les carottes viennent-elles nécessairement de l'extérieur de notre foyer? «Mon papa, pour avoir l'air cool…» Les premières représentations du théâtre parfois absurde de la vie ont d'abord eu lieu chez lui, dans notre propre maison.

L'âge mûr

Sauf exception, ce sont les femmes qui sont belles dans ce pays. À la fois douces et fortes, comme je les aime. Elles sont même tellement ravissantes que le seul fait de croiser leur regard, même brièvement, m'apparaît parfois comme une véritable torture. J'en ressors chaque fois profondément meurtri.

Je ne sais pas si je parviendrai un jour à guérir de pareilles blessures. Plus j'avance en âge, plus il m'est permis d'en douter.

Jouer au ballon

Après Hué, nous avons poursuivi notre route vers le nord jusqu'à Tam Côc, où nous avons décidé de faire halte pour la nuit. Pendant que d'autres touristes, au quai où sont rassemblées les chaloupes qui doivent les emmener en balade à travers les rizières, se débattent comme ils peuvent avec les marchands de cartes postales, de napperons brodés, de beignets, de confiseries et autres boissons gazeuses, sans compter les chauffeurs de taxis, les motocyclistes et les rameuses elles-mêmes, nous jouons une partie de volley-ball avec des habitants du village. S'il fallait choisir une seule image pour représenter notre voyage tel que nous l'avons voulu, peut-être faudrait-il opter pour cette image-là. Quelques dizaines de mètres à peine nous séparent de l'endroit où les autocars des circuits organisés déversent leurs essaims de touristes. Pourtant, nous naviguons dans un tout autre monde, seuls étrangers au milieu de villageois qui n'ont rien à voir avec l'industrie touristique, ce qui est évidemment le cas de la très grande majorité des Vietnamiens.

Nous jouons donc. Inlassablement. Sans nous presser. Nous avons tout le temps : aucun autobus ne nous attend. Nous pouvons même passer la semaine ici si nous le désirons. Quand la partie sera terminée, il y aura toujours des gens avec qui partager. Daniel offrira des beignets aux enfants rassemblés sur le terrain. Anna discutera quelque temps avec une jeune dame, puis se retrouvera subitement avec un bébé dans les bras. J'enfourcherai pour ma part un vélo et un garçon se lancera à toute vitesse à ma poursuite. Il parviendra sans trop de mal à se hisser sur le porte-bagages et se laissera tout doucement porter sur quelques centaines de mètres. Nous passerons près du quai, où des touristes nous lanceront des regards étonnés, et je comprendrai soudain qu'eux et moi n'aurons sans doute jamais la même perception du Việt Nam. Or, pour une fois, je ne le dois pas uniquement à Daniel. C'est moi, en effet, qu'on a invité à se joindre au match de volley-ball. Je peux maintenant regarder mon fils la tête haute.

Chanter

Il me vient tout à coup en tête un souvenir, celui d'un de ces nombreux moments où tu m'as appris à grandir, à exprimer sans contrainte tout le bonheur que j'ai d'être vivant, à me présenter, tout compte fait, tel que je suis devant mes semblables. Quel âge avais-je ? Celui de l'adolescence, c'est tout ce dont je me souviens, et sans doute est-ce tout ce qui importe.

Je me trouve dans la cuisine, lavant la vaisselle comme je le fais à la fin de chaque repas, tandis que mon frère l'essuie, comme toujours. Et, soudainement, sans même m'en rendre compte, je me mets à chanter, comme cela ne m'est pas arrivé depuis des années. Mais je réalise tout à coup ce que je suis en train de faire et, avant de subir les quolibets de mon frère, de mon père, de mes oncles, de mes grands-pères et de la terre tout entière, avant d'entendre ces railleries que je pressens, tellement je les connais depuis longtemps, j'interromps subitement ma chanson. Tu as alors ces paroles que je n'oublierai jamais, des paroles qui ont changé ma vie :

— Continue, s'il te plaît. Tu as une belle voix.

C'est tout. Des mots tout simples. Mais c'étaient des mots libérateurs, de ceux qu'il faut dire aux gens qu'on aime quand il est temps pour eux de partir :

— Va, n'aie pas peur, le monde n'est pas méchant, vole à sa découverte ! Parcours tous les pays, savoure tous les mets, déguste tous les vins, embrasse toutes les femmes et donne, aussi, donne sans compter !

Ce sont des mots comme ceux-là qui m'ont emmené jusqu'ici, séparé de toi par des milliers de kilomètres et si proche, pourtant.

La charité

Il nous a pourtant bien fallu nous joindre à quelques touristes, le temps d'une incontournable balade en pirogue sur les canaux qui sillonnent la rizière. Dans un paysage d'une beauté à couper le souffle, nous cheminons lentement au milieu de paysannes répétant patiemment les gestes de leurs aïeules. La dame qui nous guide à l'aide de sa longue rame — ce sont les femmes qui font tout dans ce pays, m'a confié Daniel — s'y consacre avec tant de bonne volonté, il me semble, qu'elle me donne envie de lui offrir un gros pourboire. Mais nous avons à peine accompli la moitié du chemin qu'elle tend déjà la main pour bien nous faire comprendre qu'elle s'attend à un peu plus d'argent, pour son travail, que ce qui a été convenu au départ. Je lui demande poliment d'attendre, mais elle insiste, encore et encore, si bien que je finis par me résoudre à lui donner aussitôt ce qu'elle exige, tout en lui offrant deux fois moins que ce que je m'apprêtais à lui remettre tellement je suis excédé par son attitude. Or, malgré la générosité de la somme proposée — du moins de mon point de vue —, elle refuse mon pourboire en faisant la moue et laisse entendre, d'un air méprisant, que je dois lui laisser davantage.

Il existe au Mali un proverbe qui dit à peu près ceci : on ne demande pas à voir le présent qu'on nous offre avant de décider si on l'accepte ou non. C'est pourtant ce que fait cette dame. Elle me rappelle cet enfant à qui l'on donne un bonbon, mais qui fait la « baboune », puis une véritable crise, pour en avoir deux, sans songer à apprécier celui qui fond dans sa bouche.

Malgré cela, j'ai de la difficulté à lui reprocher trop vertement son attitude. Ce n'est pas là caprice d'enfant riche. Gâté un peu, oui, sans doute, mais pas fortuné. Je me crois prodigue. Se pourrait-il pourtant que je ne fasse encore qu'abuser de sa pauvreté ? Certes, il est tellement plus facile d'allouer son dû à quelqu'un qui se montre bienveillant envers nous que d'accorder l'aumône à celui qui nous harcèle…

Ce qu'il faudrait, c'est que nous payions le juste prix dès le départ, en refusant jusqu'à l'idée même de pourboire. Car on doit donner parce qu'il est juste de le faire et non pas afin de se montrer charitable. Dans tout geste de charité, c'est en effet celui qui donne qui a le beau rôle. Quand on est équitable, au contraire, on accepte que ce soit à celui qui prend de bomber le torse. Or, ce n'est pas de charité que le Việt Nam a besoin, mais bien de justice.

Ah ! les mystères insondables de la psychologie humaine ! Comment fait-on pour voir un mouvement charitable dans ce qui n'est même pas encore justice ? Les pauvres et les miséreux de la planète ne sont pas au bout de leurs peines.

Poubelle

Quel luxe d'avoir chaque jour à notre disposition des gens pour préparer nos repas, laver notre vaisselle, ranger notre chambre. Nous tenons à ce que Daniel en soit conscient et ne le tienne surtout pas pour acquis.

— À notre retour, il faudra que tu mettes la main à la pâte, toi aussi. Ce serait plaisant si tu pouvais collaborer un peu plus aux tâches de la maison.

— Je le fais déjà pas mal. Je…

Il a raison. Ne voulant toutefois pas acquiescer trop vite, j'attends d'entendre ce qu'il a à ajouter.

— Je t'aide à remplir les poubelles, dit-il enfin en s'efforçant de garder le plus grand sérieux du monde.

La marelle

Ce garçon a une bien drôle de façon de jouer à la marelle.

Entraînez quelques buffles aux longues cornes acérées dans l'eau boueuse d'un étang. Assurez-vous que seul le haut du dos de chacune des bêtes émerge de l'eau. Grimpez sur l'une d'elles, dressez-vous bien droit sur vos jambes, comptez jusqu'à dix, puis sautez d'un buffle à l'autre en chantonnant. Plaisir et frissons garantis.

Regarder les gens en face

Nous voici à présent à Hoa Lư, l'ancienne capitale du Việt Nam (Xᵉ-XIᵉ siècles), dont il ne reste aujourd'hui que quelques vestiges épars. Dans un décor propice à la rêverie, celui de rizières inchangées depuis des siècles, avec leurs paysannes intemporelles penchées face contre terre, les deux pieds dans la boue, afin de repiquer le riz, un plant après l'autre, jour après jour, pour assurer leur maigre pitance, et ces pitons rocheux surgissant dans le brouillard telle la proue de navires échoués, nous partons visiter un petit temple élevé à la mémoire de je ne sais plus quel souverain. Le lieu est bien joli : jardins exotiques, mare envahie par les lotus, autels garnis de fleurs, de fruits, de gâteaux et d'encens, dragons protecteurs qui gardent avec précaution la planète dedans leur bouche ouverte, Bouddhas bienveillants…

Lorsque nous franchissons le seuil du petit domaine, le son déchirant d'un « đàn bầu », un genre de luth à une seule corde qui me fait immédiatement songer à l'égoïne de mon grand-oncle, nous frappe de plein fouet. Je frissonne. C'est peu dire qu'il n'y a, dans cette mélodie plaintive qui nous atteint, rien de serein. Ni nostalgie ni mélancolie non plus. Seulement de la douleur. À l'état pur.

Nous découvrons le musicien dissimulé sous un porche, un chapeau posé devant lui afin de recueillir les aumônes des visiteurs. En le voyant, j'ai un vif mouvement de recul. Je suis pris de nausée, je transpire, mon corps vacille : c'est un monstre ! Son visage est tellement tordu qu'on a peine à y distinguer une forme humaine. Je détourne les yeux, puis la tête et le corps, et m'éloigne en vitesse, cherchant un chemin qui permette d'atteindre le temple sans avoir à passer devant cet être abominable.

J'y arrive, mais n'ai plus le cœur à la visite, et c'est à la hâte que je fais le tour du temple, sans prier, en pestant contre la dioxine. Afin d'être bien certain de ne pas me trouver de nouveau devant le musicien, je ressors par une allée latérale et m'évade enfin vers la rizière, où je prends de profondes inspirations en attendant que Daniel et Anna viennent me rejoindre.

Des paysannes poursuivent leurs travaux rizicoles avec des gestes lents et réguliers. Mon cœur s'apaise un moment. Mais l'inconvenance de ma conduite me revient en pleine face. J'ai honte. Honte de ne pas être à la hauteur de mes idées, de mes pensées, de mes rêves et de mes aspirations. Honte de manquer à ce point d'humanité. Il aurait fallu que je le regarde en face, franchement, sans détour, puis que je l'apprivoise jusqu'au moment où j'aurais été prêt à glisser ma main dans ses cheveux, à caresser son visage, à presser quelques instants son cœur contre le mien. Mais comment y arriver quand je ne parviens même pas à faire de tels gestes avec toi, pourtant si belle, alors même que tu m'as donné la vie ?

Je n'aurai sans doute pas assez de mon existence pour apprendre à devenir un homme. C'en est désespérant.

Croire en Dieu

On ne peut considérer les horreurs de la guerre sans voir ses convictions religieuses profondément transformées.

Comment croire en Dieu après Auschwitz? après la guerre d'Indochine? après celle du Viêt Nam? Dieu, s'il existe, serait donc coupable de négligence criminelle, ou même d'homicide involontaire?

(J'entends d'ici ta voix répliquer que j'oublie, en disant cela, l'influence de Satan, le prince des ténèbres, que Dieu nous aide à combattre.)

D'un autre côté, comment ne pas croire en Dieu, au Viêt Nam, en voyant tous ces gens ressuscités d'entre les morts?

On peut bien sûr raffiner à l'infini sa pensée sur de telles questions. Mais peut-on les résoudre?

À moins d'importants revirements dans ma vie, s'il est une chose dont je suis convaincu, c'est bien que je demeurerai, jusqu'à ma mort, un véritable agnostique.

En attendant l'improbable révélation, je me contente donc de m'efforcer d'aimer ma blonde, et mon fils, et mon frère, et ma sœur, alouette.

Croire en Dieu (*bis*)

Aimer sa blonde, et son fils, et son frère, et sa sœur... Est-ce bien là le sens qu'il faut donner à son existence ?

Savoir que faire de sa vie est une question insoluble. On peut bien croire en Dieu. Mais comment savoir ce qu'il attend de nous ? Il faudrait pour cela croire en des hommes — Moïse, Mahomet, saint Paul —, en leur capacité de nous révéler véritablement le sens caché de l'existence. Or, je n'arrive pas à leur confier une aussi lourde responsabilité.

Elle retombe donc sur mes épaules. Tant pis pour moi.

La fascination de la mort

Je n'ai jamais eu beaucoup d'affection pour les prêtres, les moines, les pasteurs, les rabbins, les imams. Ni vin, ni viande, ni danse, ni musique, ni caresse, ni baiser : ils aiment trop la mort et pas assez la vie.

Oui, maman, je sais, j'exagère… Il me faut être honnête : je ne fais pas mieux qu'eux.

La main sacrifiée

Ce matin, peu avant l'aube, je me suis réveillé dans un véritable état de panique : je ne sentais plus ma main. Pire encore : c'est mon bras tout entier qui ne réagissait pas.

Je me suis mis à suer à grosses gouttes, en proie à une angoisse que je n'avais jamais éprouvée auparavant. Il m'était bien sûr déjà arrivé de m'éveiller la main engourdie. Mais cette fois-ci, c'est tout le bras qui pendait le long de mon corps, une masse inerte, molle, informe, sans vie. Je le pressais, le piquais, le pinçais de ma main indemne, mais rien n'y faisait : je ne ressentais plus rien. Il me manquait un bras. J'étais devenu manchot !

Il me semblait perdre du coup tout ce qui est l'essence de l'existence humaine. Ne plus pouvoir serrer de mains, c'était ne plus aller au-devant de personne. Ne plus tendre la main, c'était ne plus accepter de présent de quiconque. Effleurer, toucher, caresser : à partir de maintenant, ces gestes m'étaient à jamais interdits.

Je me suis mis alors à songer à toutes les personnes qui étaient revenues de la guerre les bras en deuil. Aux citoyens qu'on avait empêchés de voter en les amputant à grands coups de machette. Aux enfants ayant trébuché sur des mines. Aux victimes de la dioxine, de la lèpre, de la poliomyélite. À ces pauvres affamés surpris en train de chaparder une pomme... Puis, soudain, tous ces gens ont commencé à défiler devant moi, comme en un long cortège funèbre. Tous ces pauvres malheureux à qui je n'avais jamais rien donné, pas même un regard, paradaient, en silence, en étalant devant ma face leurs « branches sans fleurs ni feuilles », comme le chante Ogeret.

J'ai compris aussitôt qu'ils m'interpellaient. Et, dès ce moment, j'ai su que j'étais un des leurs. Des larmes se sont mises à couler sur mes joues. Je sentais mon cœur s'ouvrir, jusqu'à jaillir hors de ma poitrine. C'était mieux encore que d'ouvrir la main : en fait, il n'y avait rien de mieux qu'un cœur qui palpitait pour communier avec ses semblables. Quelques secondes auparavant, j'avais cru, en perdant mon bras, perdre ce que j'avais de plus humain en moi. Or, c'est le contraire qui se passait : je retrouvais subitement toute mon humanité.

Et la sensation est revenue peu à peu dans ma main…

Patrimoine

Nous voici à présent dans la baie de Hạ Long. Il fallait bien y jeter l'ancre un jour ou l'autre : comment passer à côté du site touristique le plus couru du pays ? Nous avions, il faut l'avouer, un peu d'appréhension en arrivant : il ne nous plaisait guère de nous retrouver subitement noyés dans le flot des touristes qu'on amène ici en voyages organisés. Non pas qu'ils se montrent forcément désagréables : il est parmi eux des gens sensibles, drôles, généreux. Mais nous ne sommes pas ici pour découvrir l'Australie, l'Allemagne, les États-Unis.

Heureusement pour nous, le paysage mythique de ce site classé « patrimoine mondial de l'humanité » est effectivement d'une beauté époustouflante. Et ce n'est pas parce que les jonques sont envahies par les vacanciers qu'on n'y trouve pas quelques Vietnamiens. Certes, ceux-ci paraissent d'abord étonnés qu'on leur adresse spontanément la parole. Puis, à l'heure du café, ils ne semblent pas comprendre qu'on préfère leur compagnie à celle de deux Néerlandais ou d'un groupe de Néo-Zélandais. Mais ce n'est qu'une question de temps : tout à l'heure, ils seront enchantés de montrer un tour de magie à Daniel, puis de jouer une partie de cartes avec lui.

En attendant, nous n'en finissons pas d'admirer ces pitons rocheux qui donnent un charme si particulier à l'endroit, et ces villages de maisons flottantes adossées à la paroi. Les pêcheurs qui habitent là s'y trouvent depuis des générations. Pourtant, on les presse à présent d'aller vivre sous d'autres cieux, afin qu'ils ne puissent plus souiller l'eau d'une baie où les touristes affluent par milliers. Place à la manne touristique !

La manne, oui, mais pour qui ? Sûrement pas pour ces pêcheurs, en tout cas, malgré les tonnes de langoustines, de calmars, de crevettes dont s'empiffrent allègrement les visiteurs.

Larguer les amarres

Suis-je prêt à laisser mon fils vivre sa vie comme il l'entend ? Il faut avouer que je ne lui accorde encore, tout compte fait, que fort peu de libertés. Ce matin, nous avons croisé une fillette de quatre ans qui était seule dans sa chaloupe, une vraie coquille de noix sans bouée de sauvetage. Personne à proximité, pas même une amie ou une sœur, alors même que la baie de Hạ Long est vaste et profonde. Un moment d'inattention, une vague plus puissante que les autres, et c'en serait tout à coup fini de son existence !

Il n'y avait pourtant que nous, semble-t-il, pour nous en inquiéter. Il est vrai qu'il n'y a rien d'exceptionnel, ici, à ce qu'un enfant bénéficie d'une telle marge de manœuvre. On voit des gamins errer dans les rues de toutes les villes du Việt Nam, sans personne pour les surveiller, à n'importe quelle heure du jour. Certains, qui ont à peine l'âge de fréquenter l'école, y vendent des bracelets ou des cartes postales aux touristes. D'autres cirent les chaussures.

Ce n'est pas là le destin dont nous rêvons pour Daniel. Nous l'astreignons donc le plus souvent à rester avec nous, ou alors tout près, à portée de vue. Nous n'avons pas le sentiment, ce faisant, de trop nous tromper, et je suis sûr que tu comprends cela. Mais il est vrai qu'il ne grandit pas très vite. Il est des lieux où l'on devient adulte à dix ans : il lui faudra sans doute, pour sa part, attendre la vingtaine avant de pouvoir revendiquer un tel statut. J'espère qu'il ne nous en tiendra pas trop rigueur. Mais nous préférons le voir nous blâmer un jour de l'avoir trop couvé, plutôt que de l'entendre se plaindre de ne pas nous avoir connus suffisamment. De toute façon, comme le dit si bien Anna, il aura probablement bien des reproches à nous faire. Pourquoi ne pas tenter de les choisir un peu d'avance ? En voilà un.

Le désordre de mon cœur

Je me suis assis sur le pont de notre jonque, au delà du bastingage, les pieds suspendus dans le vide, afin de regarder la nuit envelopper la terre de son grand voile noir, tandis que s'allumaient dans le ciel, une à une, des étoiles dont je ne connais ni le nom ni l'âge, et que s'égrenaient sur les flots leurs jumelles scintillantes. Le ciel était du genre de ceux qui vous aspirent. La tête renversée en arrière, j'en savourais le délicieux vertige : le dôme qui recouvre la terre s'étalait, puis se transformait en un puits sans fond où je tourbillonnais sans fin. Puis, soudain, dans la magie de ce gouffre rempli tout à la fois d'obscurité et de lumière, dans le grand ordre désordonné des astres, une torche de feu m'est apparue. J'ai suivi des yeux la courbe délicate tracée par cet astéroïde et me suis subitement retrouvé vingt-cinq ans en arrière, à mille lieues de la baie de Hạ Long et de l'homme que je suis peu à peu devenu.

Je n'avais plus que quinze ans, et j'étais allongé sur la plage d'une île de sable de l'immense étendue d'eau qui a bercé ton enfance, puis la mienne, le magnifique Piékouagami de nos frères Innus. Profitant de ce que le lac brillait comme un miroir tranquille, motivé aussi par la douceur d'un beau soir de juillet, j'avais emprunté votre canot, y avais jeté, pêle-mêle, une lourde tente de toile, un sac de couchage, une lampe de poche, des allumettes et quelques vivres, puis, en pagayant tout en souplesse et en légèreté afin de ne pas troubler le calme ambiant, m'étais rendu jusqu'à un îlot désert situé à un ou deux kilomètres de la terre ferme. J'y avais planté ma tente au bout de la plage, sous le feuillage épanoui d'un jeune bouleau, m'étais allumé un grand feu de branchages, y avais fait rôtir quelques saucisses et grillé un peu de pain. Puis, j'avais consacré le reste de la soirée à rêvasser.

Malgré la profondeur du ciel constellé d'étoiles, la tiédeur de l'air, l'odeur piquante de l'écorce et du bois consumés par les flammes, malgré le silence uniquement interrompu, à l'occasion, par le coassement des ouaouarons, j'avais fini par épuiser mes rêveries et m'étais résolu à gagner ma tente pour la nuit. Mais j'étais aussi soumis, en ce temps-là, à tout un lot de sensations nouvelles, enivrantes et angoissantes à la fois, qui faisaient germer en moi une émotion dont je n'avais jamais, jusque-là, soupçonné l'existence, et que je ne savais donc pas comment maîtriser. Livré pieds et poings liés à cette émotion indéfinissable, je n'arrivais pas à m'endormir. Je m'étais donc résigné à quitter ma tente et j'avais longuement erré sur la plage, faisant trois fois le tour de l'île. Puis, sous le coup d'une impulsion aussi subite qu'irrésistible, je m'étais déshabillé prestement dans l'obscurité et m'étais jeté, flambant nu, sur le sable encore tout chaud de la chaleur qu'il avait emmagasinée durant le jour.

Étendu sur le dos, les bras et les jambes écartés comme le corps humain de cette étude de Leonardo da Vinci où l'on retrouve aussi les quatre symboles fondamentaux que sont le centre, le cercle, la croix et le carré, j'avais alors eu la chance d'assister à un spectacle grandiose qui m'a laissé une impression ineffable : une aurore boréale, tableau mouvant sans cesse recomposé, emplissait le ciel d'une symphonie de lueurs multicolores. Un court moment, je crus même y discerner la palette d'un Chagall. J'en fus profondément bouleversé : à voir ainsi surgir du désordre du ciel, avec une intensité toute poétique, une création si parfaite malgré son fouillis apparent, je compris soudainement qu'il ne servait à rien de tâcher de dominer l'émotion dont je me sentais submergé, mais qu'il convenait plutôt de l'apprivoiser — d'apprivoiser le désordre de mon cœur —, puis d'apprendre à en canaliser la force pour en faire le matériau d'une œuvre par laquelle j'atteindrais au sublime.

J'y pense encore, vingt-cinq ans plus tard, en mesurant la distance infranchissable qui me sépare encore du sublime dans ma vie. Et je me sens lourd, tout à coup, de tout le poids de mes revers, de mes défaites amères et déshonorantes, de mon inaptitude insurmontable à engendrer la beauté, de mon impuissance innée à faire le bien, de mon ignorance, de mon incapacité à transcender la matière et le temps, de l'impossibilité dans laquelle je me trouve d'accéder à la moindre parcelle de divin.

Hà Nội en hiver

Hà Nội se révèle une ville pleine de contrastes. Je ne m'en suis pas rendu compte tout de suite, d'abord parce qu'après quelques semaines de séjour dans un pays, on finit par s'habituer à ses oppositions, à ses contradictions, à ses inconséquences. Peut-être aussi le vieux centre historique où nous nous sommes installés ne présente-t-il rien de neuf à cet égard. L'ancien et le nouveau, la richesse et la pauvreté, la propreté et la saleté, le calme et l'animation, s'y côtoient comme partout au Việt Nam. Or, il existe également, dans certains quartiers de Hà Nội, une ambiance particulière qu'on ne retrouve nulle part ailleurs dans ce pays, une atmosphère singulière à laquelle certains font référence en parlant de parfum de France ou de cachet européen.

De telles affirmations sont sans doute un peu exagérées. Néanmoins, je dois avouer que l'architecture de certains édifices, les longues allées bordées d'arbres, les lacs artificiels et leurs promenades, sans compter la grisaille permanente qui flotte sur la ville depuis notre arrivée, m'ont parfois donné l'impression de me trouver dans une métropole du nord de l'Europe en hiver. Il s'agit évidemment d'une autre Europe que celle que nous connaissons, une Europe où l'on verrait des marchandes aux chapeaux de paille coniques à tous les coins de rue, mais aussi, parfois, d'une Europe un peu vieillotte, avec ses hommes arborant des habits d'une autre époque, chapeaux rigides, bérets, imperméables et pardessus de l'avant-guerre, souliers vernis, parapluies noirs. Cela paraît un drôle de costume pour jouer aux cartes ou aux échecs chinois à l'ombre d'un kiosque dont le toit comporte des extrémités recourbées comme celles des pagodes, mais c'est celui d'un certain nombre de gens à Hà Nội, même s'ils n'en constituent qu'une infime minorité.

Daniel s'est joint un moment à l'un d'eux pour une partie d'échecs chinois. L'homme semblait heureux de partager sa passion avec lui. Il lui expliquait patiemment certains coups à éviter et l'encourageait à en tenter d'autres. Tout près d'eux, trois dames d'un âge avancé s'exerçaient à des étirements dont certains, notamment ceux des muscles faciaux, m'ont paru fort originaux, à moi qui ne connais rien aux arts martiaux. Les nappes de brume qui venaient du lac donnaient à la scène un aspect irréel, qu'est venue renforcer l'arrivée impromptue d'un homme portant le casque verdâtre des anciens soldats du Việt Minh.

Une fois la partie terminée, ton petit-fils a cédé la place à un autre de ces hommes galamment vêtus, gilet de soie, mouchoir blanc, montre de poche. Il a regardé la partie un certain temps, puis s'est mis un peu à l'écart et a sorti un jeu de cartes de sa poche. Trois jeunes femmes habillées de jeans sont aussitôt venues vers lui et ils ont commencé une partie d'un de ces jeux que tous les Vietnamiens connaissent. Cinq minutes plus tard, elles n'abattaient plus leurs cartes qu'en poussant de vives exclamations, Daniel faisait de même, et il y eut bientôt une vingtaine de personnes à les regarder jouer, à commenter la partie, à leur donner des conseils, à s'amuser de leurs bons coups, bref, à s'en mêler joyeusement, en nous adressant, à Anna et à moi, des sourires de connivence. Comment, dans ces conditions, ne pas aimer Hà Nội, malgré la pluie, la grisaille et le froid ? Il est difficile d'être insensible aux charmes d'une femme qui a le don de faire éclore à chaque instant un doux sourire sur vos lèvres.

Des marionnettes sur l'eau

Tu aurais aimé le spectacle de ces marionnettes d'une autre époque dansant sur l'eau. Les figurines t'auraient plu, pêcheurs et paysans, lions, tortues, jusqu'à l'empereur et sa cour. Leurs mouvements aussi, poissons jaillissant hors de l'eau, dragons ondulant tels de longs serpents, enfants s'ébattant dans les flots. Et les couleurs chatoyantes des plumes du phénix, les teintes vives des robes des danseuses! Sans compter la musique tirée des instruments traditionnels et marquant les moments forts du spectacle — gongs, tambours, xylophones, flûtes et «đàn bầu». Tu aurais goûté aussi la simplicité des courtes scènes et de l'histoire qu'elles racontent, le retour de l'enfant prodige — ne va pas prétendre que tu ne penses pas un peu à moi quand tu lis ces mots —, la légende de l'épée glorieuse restituée à la tortue déesse des eaux, la course de pirogues, la prestation du gardien de buffles qui joue du flûteau. Tu aurais applaudi les marionnettistes pour les féliciter de leur incroyable dextérité, ébahie par l'ingéniosité du mécanisme par lequel ils arrivent, les deux pieds dans l'eau, à mouvoir les figurines à l'aide de longues tiges qu'ils poussent dessous le rideau de bambou derrière lequel ils se cachent. Tu aurais ri comme les enfants — et en écrivant ce dernier mot, je pense aussi à tous les Vietnamiens présents dans la salle — en voyant ce pêcheur qui n'arrive à rien attraper avec sa nasse, si ce n'est la tête de son épouse, ou ces grenouilles bondissant de partout pour échapper à la chasse.

Ces marionnettes racontent une histoire millénaire, la vie paysanne rythmée par les saisons, c'est-à-dire par le riz — la préparation des périmètres irrigués, le labour avec les gros buffles, le semis à la volée, le sarclage, le repiquage, la récolte, le séchage, le vannage, l'entreposage —, l'histoire de tous les êtres humains, en quelque sorte, naissance, enfance, jeunesse, maturité, vieillesse, et puis mort, avec d'infimes variations qui ne sont jamais que des variations sur un même thème.

Il faut une certaine dose de naïveté — fraîcheur et spontanéité — pour apprécier ce genre de spectacle, une qualité qui me fait défaut, mais qui, pour ta part, ne t'a jamais quittée. Voilà une autre de ces choses qu'il me reste à apprendre. Mes amis africains ont certes tenté de me l'enseigner, mais j'étais fort mauvais élève et les succès ont été mitigés. Comment ne l'ai-je pas appris d'abord de toi ? J'ai sans doute préféré copier mon père, qui n'avait, du moins à l'époque, vraiment rien d'un homme naïf. Cela n'est pas un défaut en soi. La raison m'a même beaucoup servi. Mais elle comportait aussi sa part d'inconvénients. Quand j'étais en proie à un mouvement du cœur, j'arrêtais sa course en plein vol. J'interrompais mes gestes. Je maîtrisais mes envies. Je refrénais mes élans. J'en ai d'ailleurs tellement refréné que je n'ai bientôt plus su quoi faire de tous ces mouvements enfermés dans l'étau de mon corps immobile. Il m'aurait fallu crier — non, chanter, plutôt, rire, embrasser, caresser ! Au lieu de quoi, je restais là, bouche bée, les bras ballants. Heureusement, comme le dit la sagesse populaire, il n'est jamais trop tard pour apprendre. J'ai donc appris, tardivement, certes, imparfaitement, mais un peu, tout de même. Cependant, il me reste encore tellement à découvrir !

Allez, dansez, belles marionnettes, qu'enfin je m'émerveille ! Peut-être, un jour, arriverai-je même à applaudir à tout rompre…

Hà Nội au printemps

Il fait soleil aujourd'hui à Hà Nội. Comme c'est étrange ! Je n'ai plus l'impression de séjourner dans la même ville qu'auparavant. Les arbres bourgeonnent, les gens se détendent, la vie nous sourit : Hà Nội revêt des airs de printemps. Et je me surprends tout à coup à éprouver le sentiment qu'on peut aimer passionnément la froide capitale du Việt Nam, comme toutes ses autres villes.

Enfants sans frontières

Cet après-midi, dans un quartier de la périphérie de Hà Nội, nous avons vu des écoliers de l'âge de Daniel jouer au basket-ball durant leur récréation. Daniel a demandé au surveillant qui se tenait à l'entrée de la cour d'école s'il pouvait aller les observer de plus près. Il a acquiescé avec un sourire. Notre fils a aussitôt couru vers les enfants, le cœur battant. Or, à peine était-il arrivé auprès d'eux qu'ils l'invitaient déjà à se joindre à l'une de leurs deux équipes.

Daniel nous a regardés d'un air rayonnant, puis s'est jeté sur le terrain avec enthousiasme. S'il est une chose qui lui manque particulièrement, au cours de ce voyage, c'est bien la possibilité de jouer au basket-ball. Il n'a pas été facile pour lui, en partant pour le Việt Nam, de faire le deuil de la deuxième moitié de la saison de son équipe, même s'il est resté très discret à ce propos.

Le niveau de jeu des jeunes n'était pas très relevé. Aussi, ton petit-fils a-t-il eu vite fait de se démarquer. Tu aurais dû voir les exclamations de joie qui ont accompagné son premier panier. On l'accueillait presque en héros ! Et il a été sans contredit la grande vedette du match.

Quand les écoliers ont dû interrompre leur partie pour retourner en classe, ils ont salué leur nouveau camarade avec beaucoup de chaleur : rires, éclats de voix, accolades… Je me suis demandé comment ces enfants qui n'avaient pas un seul mot en commun parvenaient à s'entendre alors que des adultes comme nous, qui en partageons tout de même quelques-uns et pouvons compter sur des décennies d'expérience de vie, n'y arrivons que difficilement. Comment finissent-ils par savoir ainsi se dire tout ce qui leur importe ?

J'en étais là de mes réflexions quand le surveillant est venu à ma rencontre. Nous avons échangé un sourire. Puis, il m'a confié, dans un anglais hésitant : « *Kids have no borders.* » L'émotion faisait trembler sa voix et j'ai tout de suite compris qu'à l'instant même, il se sentait triste et heureux à la fois : triste de ces frontières que nous avons érigées partout entre nous, de nos guerres meurtrières, de notre mépris, de notre suffisance, mais heureux aussi qu'un simple enfant puisse lui révéler, à travers l'attention toute simple qu'il portait à des écoliers, qu'il avait le droit de s'estimer, car ce qu'il y a de plus profond en lui, de plus fondamental, est véritablement digne d'estime. « Nous sommes tous les mêmes », disait Daniel en substance.

Aussi — tu permettras que, le temps de quelques lignes, je m'adresse à quelqu'un d'autre qu'à toi-même —, je veux te dire merci, mon fils, au nom de cet homme et en mon nom propre, merci pour ta belle ouverture qui fait si chaud au cœur de tant de gens sans même que tu t'en rendes compte. C'est un fils comme toi que j'espérais, sans vraiment y compter, dans mes rêves les plus fous, et tu es encore mille fois plus beau que je n'aurais pu t'imaginer.

Les ruelles de Hà Nội

À Hà Nội, dans certaines ruelles, on a l'impression de circuler non pas dans la rue, comme à Québec, mais plutôt dans un couloir de maison. Ce sont les mêmes bruits familiers, le seau qu'on remplit d'eau, des verres qui trinquent, les sanglots d'un enfant, le glissement des savates, des baguettes qui raclent le fond des bols, un claquement de la langue, un rire, un éclat de voix. Mais ce sont aussi, et surtout, les mêmes gestes, le linge qu'on étend aux fenêtres, le nouveau-né que l'on berce, les dalles qu'on lave à grandes eaux, les légumes que l'on pèle patiemment, la soupe avalée en vitesse, le gamin que l'on gronde. Qui plus est, les portes des demeures restent ouvertes, et j'ai parfois le sentiment de me retrouver avec les gens dans leur propre salon. Je n'aurais qu'à avancer d'un pas pour prendre place sur le divan avec eux. Il me suffirait d'étirer le bras pour saisir une tasse de thé et la boire, à petites lampées, en leur compagnie. Mais je les observe plutôt avec timidité, n'osant pas trop m'attarder, comme si je venais tout juste de trouver la maison que j'aurais voulu habiter durant mon enfance, mais n'étais pas encore prêt à y entrer. Daniel, lui, ne se gêne pas, et pénètre résolument dans chacune de ces demeures où j'aurais aimé grandir. Nous le retrouvons assis devant la télévision, ou abattant ses cartes sur une table basse, ou même à vélo, une fois, dans un hall d'entrée, avec un garçonnet tout excité de s'être trouvé un nouveau compagnon.

Quel plaisir, tout de même, de pouvoir séjourner dans une ville comme on habite une maison. Ce genre de lieu, on y passe sans s'arrêter, ou bien on y reste, et pour longtemps. Ou on y resterait, cela est sans doute plus juste, si on avait le courage de se réinventer.

La trappe à souris

Voyant un rat s'échapper d'un restaurant pour disparaître au fond d'une ruelle, Daniel improvise une de ces blagues dont lui seul a le secret.

— Sais-tu comment on fait pour attraper un idiot dans une trappe à souris ?

— …

— On y met un morceau de fromage !

Rien de plus simple, en effet. Il suffisait d'y penser…

Un quignon de pain

J e me plains parfois un peu du harcèlement dont nous sommes à l'occasion victimes en tant que touristes. Cependant, s'il faut dire la vérité, cela ne me dérange pas trop. D'ailleurs, les sollicitations dont nous sommes l'objet ne surviennent jamais que dans des lieux tout désignés, ceux qui sont fréquentés par les touristes, et ne durent généralement qu'un instant, celui de notre arrivée dans une nouvelle ville. Le jour suivant, à l'heure où les autres voyageurs ont déjà fait leurs bagages pour poursuivre un peu plus loin leur périple, il ne reste en effet plus grand-chose de la relation commerciale des débuts — quand nous établissons un lien de ce type, ce qui n'est jamais le cas qu'avec une infime minorité de la population. Car nous avons eu le temps — pris le temps — de nous présenter. Nous ne sommes plus de parfaits inconnus. Évidemment, nous ne sommes pas nécessairement devenus des amis pour autant. Mais dès l'instant où nous nous rencontrons une seconde fois, nous ne sommes déjà plus des étrangers.

Il me faut également avouer que mis à la place de cette dame qui, hier après-midi, me sollicitait avec tant d'insistance pour que j'achète une casquette aux couleurs du Viêt Nam, je n'aurais sans doute pas fait autrement. Peut-être même y aurais-je mis davantage de ténacité, sinon de la hargne, en ne maîtrisant qu'à grand-peine ma colère. Comment aurait-on pu m'en vouloir ? Des voyageurs s'amènent chez moi, tellement pleins de sous qu'ils peuvent même se permettre quelques semaines de vacances, des nuits à l'hôtel, de copieux repas au restaurant. Or, moi, je suis pauvre, et j'ai des enfants à nourrir. Comment ne pas essayer de tirer parti de l'occasion qui m'est présentée de trouver de quoi assouvir un peu mieux leur faim ? Il faudrait pour cela que j'aie complètement renoncé à me battre, aussi bien dire à vivre.

J'ai donc tâché de sourire à cette femme qui me priait de lui acheter quelque chose, car je savais que rien ne justifiait qu'elle ne fût pas à ma place et moi à la sienne, en train de quémander pour mon enfant un peu de pain.

Le mausolée

Notre visite au mausolée de Hồ Chí Minh, à laquelle je m'étais d'abord refusé, car je ne voyais pas quel intérêt il pouvait y avoir à aller observer la dépouille mortelle d'un homme décédé depuis plus de trente-cinq ans, fût-il président de la république, m'a touché plus que je ne l'aurais cru. Ce n'est évidemment pas la vue de son corps frigorifié qui m'a ému. Ce genre de spectacle — pardonne-moi l'expression — me laisse généralement plutôt froid. Cependant, il était difficile de rester indifférent devant la modeste demeure où il a vécu la majeure partie de sa vie d'homme d'État, une paillote toute simple, d'inspiration paysanne, qui est à mille lieues du luxe auquel nous ont accoutumés les grands de ce monde. Quoi que l'on puisse penser du personnage, il faisait montre ainsi, à tout le moins, d'une véritable cohérence avec son discours, loin des justifications que se donnent habituellement les gens riches — dont nous sommes — pour expliquer leur mode de vie.

Néanmoins, c'est surtout le sérieux des paysans qui défilaient devant le corps de leur ancien président, dans un complet d'une autre époque qui les faisait paraître gauches tellement il leur était inhabituel, qui m'a remué. Étranglés par leur cravate, s'assurant à chaque pas que leur chapeau de feutre tenait bien en place sur leur tête, les yeux aveuglés par le reflet de leurs souliers vernis, les plus forts d'entre eux réprimaient à grand-peine un sanglot ; les autres pleuraient à chaudes larmes, des larmes versées sur une époque dont ils n'avaient pu sortir que meurtris, et qu'ils se remémoraient avec douleur, celle d'une vie marquée par l'horreur dans laquelle ils avaient été entraînés bien malgré eux, sacrifiés sur l'autel d'une guerre qui aura eu raison de toutes leurs illusions, et enterré vite fait leur jeunesse.

Cinq heures du matin

Pour apprécier Hà Nội, il faut la découvrir à cinq heures du matin. C'est alors qu'elle s'anime, dans la brume matinale, et le spectacle en vaut la peine, en particulier dans les parcs et en bordure de chacun des lacs qui parsèment la ville. C'est l'heure du « tai chi », avec ses mouvements lents et mesurés, ses détentes et ses étirements : tout le monde s'y met, dans tous les lieux propices à la relaxation, et cela donne à Hà Nội une atmosphère incomparable. Ajoutez à ces silhouettes en équilibre à la fois précaire et assuré quelques gymnastes, ainsi que de nombreux joggers, et vous obtenez une ville à la fois paisible et grouillante de vie.

Je m'arrête, m'étire lentement, allonge les bras en avant tout en penchant mon corps légèrement de côté, et j'essaie tant bien que mal de conserver mon équilibre. Notre voyage tire à sa fin. Cette vie ne tient plus qu'à un fil.

Vouloir plaire

La serveuse de ce petit restaurant de Hà Nội veut tellement plaire, tellement bien faire, que j'en suis complètement désarmé. Elle sourit à chacun de nos sourires, nous remercie de la remercier, rit de bon cœur de nous voir rire, se réjouit de notre ravissement. Comment ne pas lui trouver un charme fou et ne pas rêver de l'avoir tout près de moi dans ma vie? Son plus grand désir serait de répondre aux miens, son plus grand plaisir de susciter le mien, son plus grand bonheur de me savoir heureux. Mais ce ne serait sans doute pour moi qu'être amoureux de moi-même, de l'image falsifiée et exaltée, comme dirait Graham Greene, de moi-même dans les yeux d'une autre. Si j'aime vraiment cette femme, comme tant d'autres qui lui ressemblent dans ce pays, il me faut au contraire la laisser sourire à un autre, un homme à qui elle pourra plaire sans effort, qui sourira à chacun de ses sourires, rira de l'entendre rire, sera rempli de félicité à l'idée de la savoir heureuse.

Tu permets que je lui adresse quelques mots? Bonne chance, chère amour. Que la vie te comble de ses plus belles richesses.

Une vache sacrée

On trouve des chiens sur les étals des bouchers de Hà Nội, crus, cuits, découpés en quartiers, ou alors bien entiers, du museau jusqu'au bout de la queue. Avant d'arriver ici, je prétendais à qui voulait l'entendre que j'en mangerais volontiers. Je n'en suis plus si sûr à présent. Pourtant, j'ai déjà, dans ma vie, apprécié la saveur du singe, celles du python, du rat de brousse, du termite…

Mes amis juifs et musulmans ne mangent pas de porc, la vache est sacrée pour mes amis hindous. Je ne mangerai pas de chien. J'ai moi aussi, à présent, mon animal sacré.

L'agronome

Quel bonheur que d'arriver à Bắc Hà après Hà Nội. Je ressens un véritable soulagement, comme si je pouvais enfin respirer à mon aise après avoir vécu trop longtemps serré dans un étau. La capitale du Việt Nam a pourtant fini par me plaire. Cependant, je ne suis peut-être pas fait pour autant d'animation, de bruit, de pollution et, surtout, pour d'aussi constantes sollicitations. Avant de mettre les pieds à Hà Nội, nous avions réussi à rester à l'écart des tours organisés et de tous les gens qui dépendent, pour gagner leur vie, d'une industrie touristique qui se développe à une vitesse fulgurante. Nous allions où bon nous semblait, quand nous en éprouvions l'envie, sans jamais requérir les services du moindre guide, sans circuit planifié à l'avance. Et nous nous en portions à merveille : le Việt Nam se laisse si facilement découvrir que j'en ai même été déconcerté. Puis, nous sommes arrivés dans cette métropole où tout le monde s'évertuait à nous dire que nous ne pouvions nous passer de l'aide d'agents touristiques pour visiter la baie de Hạ Long, Tam Cốc, Sa Pa. Or, comment éviter qu'on nous martèle constamment ce message quand chaque hôtel, chaque petite pension joue non seulement le rôle supplémentaire de restaurateur et de café internet, mais également celui d'agence de tourisme ? Avec le recul, je me dis qu'il en était peut-être de même à Hồ Chí-Minh-Ville. Mais comme nous n'y avons pas dormi dans le quartier où sont concentrés la plupart des voyageurs, une telle réalité nous avait échappé. Nous ne connaissions pas notre félicité…

Il n'y avait aucun comité d'accueil à la descente de l'autocar qui assure la liaison entre Lào Cai, le terminus du train de nuit en provenance de Hà Nội, et Bắc Hà. Nous nous sommes dirigés vers la première terrasse, y avons posé nos sacs à dos et avons commandé un jus de mangue et deux cafés filtres à la vietnamienne, c'est-à-dire à filtration très lente, courts et bien corsés. Nous avons savouré nos cafés tranquillement, Daniel a fait de même avec son jus, puis lui et moi sommes partis en éclaireurs chercher une chambre, tandis qu'Anna commandait un deuxième café. Il n'y avait toujours personne pour nous inviter à choisir tel hôtel plutôt que tel autre, pour nous proposer une balade en motocyclette, pour nous offrir un tour guidé de l'agglomération et de ses environs. Bonheur indicible… Et j'ai su immédiatement que nous passerions ici au moins quelques jours.

Bắc Hà est une paisible petite ville de province, qui ne s'anime véritablement que le dimanche, au moment du grand marché qui attire les paysans des environs par centaines, mais aussi pas mal de touristes, en provenance de Sa Pa, qui viennent y passer une partie de la journée. Il suffit de quelques minutes de marche pour atteindre la campagne environnante, où vivent des paysans appartenant à diverses « minorités ethniques ». Ceux-ci ont façonné, à la sueur de leur front, et pour un salaire de famine, un paysage unique en son genre. Est-ce l'agronome en moi qui tout à coup se remet à vivre ? Ou plutôt cette affection pour des paysans et des paysannes à l'existence empreinte de dignité, cet intérêt pour leurs pratiques ancestrales, cette passion pour ces vastes espaces qu'ils ont su si bien aménager, au fil des siècles, afin de nourrir leurs enfants, qui subitement ressurgissent ? Je me sens ici chez moi.

Je marche dans les champs, pas à pas, humblement. Je contemple un paysan, les pieds dans la boue, qui laboure, à l'aide d'un buffle énorme, le sol de sa rizière. Ce sont ensuite des paysannes, repiquant le riz face contre terre, tellement penchées en fait que j'en ai presque mal au dos à leur place. Puis, je croise des enfants qui me saluent d'un beau « Hello ! » bien franc, suivi aussitôt, dès que je leur réponds, d'un « *Thank you !* » à peine compréhensible. J'examine de petits choux, autour desquels volent des piérides, caresse les feuilles des plants de haricots qui viennent à peine d'émerger, observe les cochons chinois qui se vautrent dans la boue, les poules qui picorent, les canards qui cancanent, des buffles, encore, conduits par des garçons assis sur eux à califourchon, des mulets. Un paysan procède à un petit brûlis, son épouse fait sécher du fumier dans la cour, des fillettes portent des branchages dans leur sac à dos de paille tressée, d'autres, du fourrage pour le bétail. C'est beau, immensément beau, mais également dur, extrêmement dur : cet homme de mon âge, qui en paraît vingt de plus tellement son corps, déjà, est usé ; son épouse, qui a tellement vécu penchée qu'elle n'arrive plus à se dresser bien droit pour marcher ; leur fille de quinze ans, qui porte sur son dos un nouveau-né morveux au ventre ballonné. J'aimerais pouvoir les aider, me dis-je sur une impulsion subite. Mais je me mens une fois de plus à moi-même : «j'aurais aimé» le faire. Ce qui, tu en conviendras, n'est pas du tout la même chose.

C'est un rêve modeste et fou, comme disait Aragon. Mais, à mon grand déshonneur, vous me mettrez avec en terre.

Manger du chien

C'était hier notre quatrième journée à Bắc Hà, une ville où, en dehors du grand marché du dimanche, on peut passer des journées entières sans apercevoir l'ombre d'un touriste, ou si peu. Il faisait gris et froid, très froid — dix degrés, peut-être —, et l'air était humide — il avait plu à verse toute la journée. À l'heure du souper, nous nous sommes dirigés, comme nous l'avions fait une fois par jour, au moins, depuis notre arrivée, vers notre restaurant favori, un lieu presque toujours désert, délabré, qui ne paie vraiment pas de mine, mais où nous nous sentons tout à fait à notre aise tellement les membres de la famille à laquelle il appartient se montrent gentils envers nous.

Quand nous sommes entrés, ils étaient tous rassemblés dans un coin de la salle, agglutinés autour d'un récipient de fonte où se consumaient deux ou trois briquettes de charbon de bois. Nous étions une fois de plus les seuls clients. Nous avons commencé par aller vers eux afin de les saluer, avons échangé quelques mots, puis avons fini par nous asseoir en leur compagnie. Le patron s'est levé pour aller chercher quelques morceaux de charbon supplémentaires. Il nous a offert du thé brûlant. Nous avons commandé du riz. Puis, nous avons contemplé les braises en silence.

Quand nos assiettes sont arrivées, nous nous sommes installés à une table pour entamer notre repas. Nos hôtes se sont mis à manger eux aussi, assis à une table adjacente à la nôtre. Deux minutes plus tard, la fille aînée de la famille nous apportait un gros bol de soupe aux tomates. Devant nos mines étonnées de voir arriver ce plat que nous n'avions pas commandé, elle a entrepris de nous expliquer, avec force gestes et bien des mimiques du visage, que quelques gorgées de soupe bien chaude aideraient Daniel à guérir de la grosse fièvre qui l'avait tenu alité pendant la majeure partie des trois journées précédentes, et dont elle s'inquiétait à chacune de nos visites.

Daniel s'est efforcé tant bien que mal de faire honneur à cette soupe qui ressemblait beaucoup à celle de ta mère. Le patriarche de la famille m'a offert un gobelet en plastique rempli à ras bord d'alcool de riz, qui a été bientôt suivi d'un second. Puis, un rictus sur les lèvres, il m'a invité à goûter au plat de viande qu'il était en train de partager avec les siens. Son apparence n'était pas très ragoûtante. J'ai néanmoins fait contre mauvaise fortune bon cœur et j'ai accepté son offre avec une apparente gratitude. Je voyais leurs regards fixés sur moi tandis que je mastiquais avec application la chair caoutchouteuse de ce que j'imaginais être un morceau d'estomac ou d'intestin de je ne sais quelle bête. Quand j'ai finalement dégluti, levant le pouce en l'air pour signifier que j'avais apprécié mon expérience, leurs lèvres se sont étirées sur de larges sourires de contentement. J'ai alors tenté de savoir ce que je venais d'ingurgiter.

— Wouf ! Wouf ! a finalement répondu le patron en se pourléchant les babines.

Manger du chien (*bis*)

Lorsque j'ai su que je venais de manger du chien, j'ai eu beaucoup de peine à réprimer un sursaut de dégoût. Pendant quelques secondes, je me suis senti complètement désemparé. Puis, j'ai repris peu à peu mes esprits. Voilà, c'est fait, me suis-je dit. J'ai vécu cette expérience si singulière. De la seule et unique façon possible, d'ailleurs, c'est-à-dire en toute ignorance. Et je n'en suis pas mort — pour le chien, c'est autre chose.

Cependant, je crains que cette petite mésaventure t'empêche de distinguer ce qui nous a le plus marqués, et qui est ce dont j'aimerais te faire part ici. Car après la viande, il y eut encore de l'alcool de riz, puis de nouveau un peu de thé. Et lorsque nous avons dû nous résoudre à partir, c'est avec effusion que nous nous sommes salués, car nous savions tous que nous ne nous reverrions sans doute jamais, notre départ de la ville étant fixé au lendemain matin.

Or, c'est cela, plus que de manger du chien, que je retiendrai de notre séjour à Bắc Hà, à l'image de chacune des villes du Việt Nam que nous avons eu la chance de découvrir : l'accolade spontanée de cette belle dame serrant longuement Anna contre son cœur, les gros becs de sa fille aînée à Daniel qu'elle ne voulait vraiment pas laisser aller, et une émotion partagée qui nous a fait verser, à plusieurs d'entre nous, quelques chaudes larmes.

Qu'est-ce qu'on a fait de nos rêves?

Il ne lui reste que deux dents, une canine complètement déchaussée qui pend, oblique, de sa gencive supérieure, et une molaire dont on n'aperçoit que l'ombre au fond de sa bouche. Son visage est tellement crevassé de rides qu'on y discerne à peine ses yeux, deux minces amandes blotties dans des cavités qui semblent avoir été fendues au couteau. Ses oreilles ont tellement voulu entendre de promesses qu'elles se sont étirées au point que leurs lobes touchent presque les épaules, elles-mêmes penchées vers la terre, la seule position qu'elles connaissent après tant d'années de soumission.

Elle a l'âge de ma grand-mère, celui qu'on atteint chez nous trente ans après le début de sa retraite, mais malgré cet âge vénérable, malgré son souffle court, sa toux sèche, ses rhumatismes, ses lombaires endolories, il lui faut encore gagner son pain quotidien pour éviter que la misère finisse par avoir raison d'elle. Il est vingt et une heures, elle se poste devant la porte d'un restaurant de Sa Pa et, tenaillée par la faim, dans le froid brouillard qui fige la ville, elle exhibe aux touristes qui sont en train d'y faire bombance une maigre pièce de tissu qu'elle espère pouvoir leur vendre à leur sortie.

Ils ne lèvent même pas un regard sur elle, lassés qu'ils sont d'avoir vu trop de femmes comme elle tenter de leur soutirer un ou deux sous pour une bagatelle. Ils mangent, ils boivent, ils rigolent, que peuvent-ils faire d'autre, ils ne peuvent porter sur leurs frêles épaules tout le fardeau de la pauvreté de la planète. Pourtant, elle reste là, les deux bras levés bien haut afin qu'ils puissent apprécier le coloris du tissu, sa texture, sa lumière. Et j'ai soudain envie, même si j'ai déjà soupé et n'ai vraiment plus faim, de pénétrer dans le restaurant avec elle, de la prier de s'asseoir à ma table et de commander le plus grand festin qu'elle ait jamais connu, riz et nouilles en abondance, nems et rouleaux de printemps, côtes de porc grillées, poulet à la citronnelle, bœuf aux graines de sésame, canard rôti, avec des légumes de toutes sortes, des fruits de toutes les couleurs et même une glace, pourquoi pas, la sensation serait pour elle étrange, mais sûrement merveilleuse, n'est-ce pas ?

Je poursuis néanmoins mon chemin, la tête basse. Arrivé dans ma chambre, je me laisse tomber lourdement sur le lit et pleure de honte en silence. Ce soir encore, j'ai trahi ma grand-mère, que dis-je, toi-même, maman, à qui je dois vie, santé, bonheur et prospérité, te laissant seule dans la rue, par une nuit froide et pluvieuse du mois de mars, à quémander un morceau de pain qui n'est jamais venu. Je dois me rendre à l'évidence : je ne serai jamais de taille à aller au bout de mes rêves.

Marcher

Nous avons chaussé nos souliers de marche et sommes partis nous balader au hasard dans les sentiers qui parsèment les terroirs des villages que l'on trouve aux environs de Sa Pa.

Le brouillard était dense, on voyait à peine à dix pas devant soi, et chaque personne que nous croisions nous faisait l'effet d'une véritable apparition, d'une révélation, d'une porte soudainement entrouverte sur un univers parallèle dont nous ne soupçonnions même pas, quelques secondes auparavant, qu'il pût exister : paysans, paysannes, vêtus de leurs habits immémoriaux, finement brodés, aux tissus colorés, et ornés de bijoux étincelants, garçons et filles, drôles et espiègles, toujours souriants, et quelques bêtes, aussi, celles qu'on mène au pâturage, ou qui aident à porter les charges les plus lourdes, un sac de grains pour le semis, là-haut, tout là-haut, sur des pentes si abruptes que même un chamois, il me semble, ne pourrait qu'y perdre pied, ou alors une poche d'urée, ou de fumier, et des outils pour bêcher la terre rocailleuse. Puis, le vent s'est levé, chassant les nuages, et subitement le regard pouvait nous transporter jusqu'à des milles à la ronde, embrassant plusieurs villages, des dizaines de rizières, deux ruisseaux et les plus hauts sommets de la région, y compris le Phan Xi Păng, la plus haute montagne du pays. C'était d'une beauté époustouflante, et nous sommes restés longtemps ébahis, nous demandant, une fois de plus, ce que nous avions bien pu faire pour mériter un tel bonheur. Et cette fois encore, nous ne pouvions que répondre : rien, sans doute, nous n'avions rien fait pour le mériter, mais ainsi va la vie, le plus insondable de tous les mystères. Comment aurions-nous pu, en cet instant précis, ne pas la bénir ?

C'est un sentiment qui me vient d'ailleurs fort souvent lorsque je marche. C'est peut-être une des raisons pour lesquelles j'adore le faire. Marcher... Voilà l'une des rares choses dont je ne me lasse pas, dont je ne suis pas encore rassasié. À l'aube de ma mort, je serai bien sûr habité par quelques remords — celui, par exemple, d'avoir parfois trahi ceux et celles qui me sont chers —, mais il ne me restera sans doute que deux ou trois véritables regrets : celui de ne pas pouvoir connaître une femme de plus — j'en demande pardon à Anna — ; celui de ne plus avoir d'enfants — Daniel, lui, me comprendra : comment ne pas avoir envie de faire des milliers d'enfants quand la vie vous a donné le plus adorable d'entre tous ? — ; et celui de ne plus pouvoir entreprendre une dernière randonnée.

Qu'y a-t-il donc de si séduisant dans le geste de marcher ?

Pour marcher, il faut d'abord se lever. Puis, il faut savoir se tenir sur ses jambes. Marcher est tout le contraire de courber le dos : c'est se tenir debout.

Marcher, c'est ensuite aller vers le monde, réduire la distance qui nous en sépare. Marcher est tout le contraire de se refermer sur soi : c'est partir à la rencontre.

Marcher, c'est aussi larguer les amarres, se dépouiller des biens qui nous enchaînent et nous empêchent de réaliser nos rêves. Marcher est tout le contraire de rester enfermé : c'est apprendre à vivre libre.

Mais marcher, c'est aussi savoir s'arrêter : toucher la terre, écouter le chant d'un oiseau, serrer la main d'un ami, embrasser un enfant. Marcher est tout le contraire de fuir : c'est sonder l'immense étendue de nos racines.

L'homme troué

Voyant mon chandail plein de trous, Daniel s'exclame tout à coup :

  — T'as vraiment un beau t-shirt. J'comprends pas pourquoi maman trouve que t'as pas d'ouverture…

La misère

Presque tout le long de notre promenade sur les terroirs de différents villages des environs de Sa Pa, une écolière d'une douzaine d'années appartenant à l'ethnie des Dao rouges nous accompagne, d'abord pour tenter de nous vendre quelques bibelots, puis simplement, il nous semble, pour faire un bout de chemin en notre compagnie. Son anglais est excellent pour une fille de cet âge et de ce pays, et nous échangeons quelques mots à propos de sa famille, de son école, de son village, de l'agriculture et de l'élevage.

À midi, nous nous arrêtons à l'ombre d'un bouquet de bambous et Daniel l'invite à manger avec nous. Elle accepte timidement. Malheureusement, elle ne semble guère apprécier nos sandwichs. Cependant, elle dévore avec appétit les galettes de riz que nous avons prévues pour le dessert.

Nous poursuivons notre balade une partie de l'après-midi. Puis, à un carrefour, elle nous indique que c'est là que nos routes doivent se séparer. Et c'est avec de grands gestes de la main que nous la saluons tandis qu'elle s'éloigne sur le sentier qui mène à son village. Mais elle fait subitement volte-face et revient sur ses pas. Elle s'arrête devant Daniel et tire un bracelet brodé de son sac.

— C'est un petit cadeau pour vous remercier d'avoir partagé votre repas avec moi.

Elle le noue autour de son poignet, puis repart comme elle est venue, sans même se retourner. Nous restons sans voix. Il n'y a que les plus démunis pour savoir faire preuve d'une telle générosité.

Plus tard, dans la tranquillité de notre chambre, Daniel évoquera avec beaucoup d'émotion ce moment dans son journal, qu'il choisira finalement de conclure en ces termes : « La misère n'en fait pas des gens misérables. »

Il en a les larmes aux yeux. J'avoue que je n'en mène pas large, moi non plus. Je viens de saisir à l'instant que notre voyage aura été une parfaite réussite.

L'Italie au Viêt Nam

C'est étrange, mais, par endroits, le nord-ouest du Viêt Nam me rappelle le Frioul italien. La montagne y est certainement pour quelque chose. De la terrasse de notre hôtel, à Sa Pa, je contemple la jolie chaîne de montagnes qui culmine à 3143 mètres de hauteur avec le Phan Xi Păng, un mont arrondi, couvert de forêts, qui se trouve juste devant nous, noyé dans le brouillard, et je ressens le même appel des hauteurs qu'au Frioul. J'examine les quelques buttes qu'il faudrait d'abord escalader à son approche, et il me semble observer la chaîne des monts Musi, ou le Monte Chiampon, près de Gemona, avec les monts Cuarnan et Faetz en contrebas. Je voudrais partir à l'instant et prendre toute la montagne d'assaut, en gravir les plus hauts sommets, puis parcourir les crêtes afin de m'approprier, de là-haut, toute la région, comme je l'ai fait si souvent au Frioul. Sa Pa m'appartiendrait, mais aussi, de l'autre côté, Lai Châu, et chacun des villages qui les entourent — y compris la bourgade au drôle de nom de Cát Cát. À force d'arpenter les montagnes, je connaîtrais toutes les forêts, toutes les rivières, tous les torrents des environs, mais aussi les rizières, les jardins, et chacune des maisons, des fermettes, jusqu'aux citernes et aux porcheries. Il n'y aurait plus un chemin qui me soit étranger, aucun sentier qui échappe à ma connaissance. Le pays tout entier, celui des H'Mông noirs comme celui des Dao rouges, finirait par devenir mien. Mais je reste assis là, sur ma terrasse, et je ne m'approprie que quelques images, celles d'une toute petite partie du versant est du Phan Xi Păng, de quelques rizières, d'un champ où broutent deux chèvres et trois buffles, d'un bouquet de bambous. Je laisse le reste aux gens de ce pays, que je n'aurai jamais la chance de découvrir autant qu'ils le méritent. Car pour bien connaître un terroir, il faut l'arpenter, en long et en large, mais aussi labourer la terre, faire les semailles, guider les bêtes, puiser de l'eau et récolter du bois pour le feu. Je n'en ai malheureusement pas la force. Je conserve ce qu'il me reste d'énergie pour le petit lopin de chez moi.

Un sourire verni

Leurs dents laquées de noir donnent aux femmes de ce village Lự, qui constitue notre dernière étape avant le retour à Hà Nội, un sourire à l'apparence bien singulière. Délimité ou non par deux dents en or, ce sourire nous paraît quelque peu insolite. Cela n'empêche pourtant pas d'y distinguer une humeur rieuse, une expression ravie ou une lueur d'ironie. La blancheur des dents n'y a jamais été pour rien : le sourire est un miroir de l'âme. Il utilise certes, pour se manifester, des éléments de notre enveloppe charnelle : il étire les lèvres, découvre les dents, soulève les rides et les ridules, fait briller les yeux, illumine le visage tout entier. Mais le sourire est d'abord une question de cœur — qui est le siège de l'âme, comme chacun sait.

À en juger par leur sourire, le cœur de toutes ces femmes Lự qui nous recevaient dans leur pauvre demeure — comment qualifier autrement une maison de bois, de paille, de bambou, d'argile séchée, au plancher de terre battue — était grand ouvert. Ce sourire était si rayonnant, en fait, qu'on en oubliait aussitôt leur extrême dénuement. Il nous cernait de toutes parts — à l'est, à l'ouest, au nord, au sud —, sourire de huit femmes et filles de tous âges se parlant à mi-voix en nous examinant comme si nous étions des bêtes fabuleuses.

L'homme souriait moins — il semblait prendre son rôle un peu plus au sérieux —, mais il n'en était pas moins affable et accueillant. Il nous a servi à tous les trois de petites coupes de thé très léger, qu'il remplissait de nouveau dès que nous en avions bu les deux tiers. Le thé était bouillant et, à sa première lampée, Daniel, trompé par son enthousiasme, s'est brûlé les lèvres. Tout le monde a ri de bon cœur en le voyant sursauter : il fallait qu'il vienne d'un pays bien étrange pour ne pas savoir encore, à son âge, que l'on peut s'ébouillanter avec de l'eau chaude !

Les enfants, quant à eux — et il y en avait toute une ribambelle, la plupart d'entre eux à moitié nus —, levaient sur nous des regards craintifs ou même effarés. Blottis dans les bras de leur mère ou agrippés aux jupes de leur grande sœur, ils ne nous quittaient pas des yeux et esquissaient un mouvement de recul dès que nous les observions de façon trop insistante. J'ai donc évité de m'attarder trop longtemps sur eux, n'accordant mon attention à chacun que brièvement, à tour de rôle, avant de la laisser dériver vers l'ameublement et les ornementations de la maison.

Le décor était réduit à sa plus simple expression : un grand métier à tisser sur lequel reposait une belle pièce colorée, une table basse sur laquelle tenaient à peine une théière et quelques coupes de thé, de petits bancs de bois très courts sur pattes, un filet de pêche en fort mauvais état, un calendrier jauni, quelques vêtements accrochés au mur, des sandales de plastique et trois photos. Sur la première, les femmes de la famille posaient dans leur magnifique tenue traditionnelle, identique à celle qu'elles arboraient devant nous — jupe de coton tissé, chemisier noir à manches longues orné de pièces d'argent, de perles de couleurs et de pompons, long foulard noir enroulé autour des cheveux. Sur la seconde, on voyait le visage du maître de maison qu'on avait découpé, puis inséré dans un costume militaire de l'autorité communiste devant un décor de carton-pâte. On avait employé le même type de subterfuge pour la troisième photo, où le visage de son épouse était encadré par un costume traditionnel qui ne m'a pas paru bien différent de celui qu'elle portait à l'instant. Enfin, aux extrémités de l'habitation, on trouvait trois vastes espaces surélevés où l'on devinait les couches des membres de la famille, protégées des regards indiscrets par des bandes de tissu attachées à des perches de bambou. À la différence des demeures de H'Mông noirs dans lesquelles nous avions eu l'occasion de pénétrer, il ne semblait y avoir ni foyer ni cuisine à l'intérieur de la maison. Mais l'hiver n'est pas aussi rigoureux ici qu'aux alentours de Sa Pa, et l'on peut sans doute s'y passer de la chaleur du feu et cuisiner à l'extérieur.

Nous avons donc bu notre thé lentement, à petites lampées, en osant ici et là quelques mots que personne ne paraissait comprendre, et vice-versa. À force de mimiques, nous sommes tout de même parvenus à connaître l'âge de chacun et le nombre d'enfants de la maisonnée. Nos hôtes ont aussi fini par saisir quelle avait été notre précédente étape, à une cinquantaine de kilomètres de là, ce qui leur a semblé bien loin. L'homme m'a offert de fumer un peu de tabac, ce que j'ai refusé sans qu'il en paraisse offusqué, et ne l'a d'ailleurs pas empêché de préparer pour lui-même une immense pipe de bambou dont il a inspiré ensuite trois énormes bouffées avec un contentement manifeste.

Avant que nous nous séparions, Daniel a tenu à jouer au « câu » avec le plus âgé des garçons. Celui-ci a dû se faire prier — quand il a enfin accédé à la demande de ton petit-fils, il y avait bien dix membres de sa famille à l'encourager de vive voix à le faire —, mais il a finalement pris tant de plaisir au jeu que Daniel a tenu à lui faire cadeau du « hakki » à plumes en partant.

Alors que nous cheminions à la queue leu leu sur le sentier sinueux qui nous ramenait sur la route menant au village, après les avoir longuement salués au milieu d'un champ garni de plants de maïs rachitiques, Daniel s'est tourné vers moi et m'a dit :

— C'est vrai que la pauvreté des gens, ici, est relative. Mais il y a quand même des personnes qui sont vraiment pauvres...

Pendant tout notre voyage, il avait eu l'occasion de constater à quel point la misère est un concept qui n'a rien d'absolu. Mais cela ne doit pas nous faire oublier l'extrême dénuement dans lequel se trouvent certains d'entre nous.

— Et pourtant, a-t-il ajouté, elles sont prêtes à tout nous donner.

Parfois, la bonté des gens les plus démunis me fait mal à en pleurer.

Devenir quelqu'un autre

À chacune de nos étapes, j'ai l'impression de découvrir un nouveau pays. Le Việt Nam que j'essaie de me représenter n'en finit plus de se complexifier. Il existe évidemment des similarités d'une région à l'autre — une langue commune, un même régime politique, des mets partagés —, mais il est clair que le quotidien d'un pêcheur de Phú Quốc n'a que peu à voir avec celui d'un agriculteur de Tam Cốc, et encore moins avec celui d'un commerçant de Sài Gòn. Dans le nord-ouest du pays, cette sensation est encore plus nette : nous nous trouvons bel et bien ici dans un tout autre univers.

Cela tient en partie au fait que les gens du terroir, c'est-à-dire des « minorités ethniques » — qui forment la majorité dans la région —, sont d'origines, de langues, de cultures totalement différentes de celles des Việt dominants. Du coup, ces Việt que nous nous sommes efforcés partout de découvrir, de connaître, de comprendre peu à peu, me font l'effet d'être ici des visiteurs, mieux implantés que nous, bien sûr, dans la région, mais tout de même des étrangers. Cela provoque en moi un sentiment étrange : je sens les Việt très proches de moi, comme s'ils étaient mes concitoyens. La distance qui les sépare des H'Mông, des Tày, des Dao en est vraisemblablement la cause. Mais cela vient peut-être aussi de ce qu'au fil de notre voyage nous avons appris, petit à petit, à les apprivoiser. Les Việt ne sont plus tout à fait des inconnus. Ils font un peu partie de nous, à présent. J'exagère évidemment en affirmant une chose comme celle-là. Je ne trompe que moi. Mais comme il est doux de se bercer d'une pareille illusion !

Une journée de congé

Coup de théâtre : au lieu d'attendre calmement à Hà Nội, où nous venons à peine de revenir, que s'écoulent les quelques jours qui nous séparent encore de notre départ, nous décidons de retourner à Hội An pour célébrer l'anniversaire d'Anna. Pendant que nous nous affairons à réserver nos sièges, Daniel consulte son courriel et y apprend que les élèves de son école ont eu droit la semaine dernière à une journée de congé en raison d'une tempête de neige. Sa réaction est immédiate :

— Je n'aurai jamais cette chance au Việt Nam, dit-il en bougonnant.

Revenir

Je ne soupçonnais pas que notre retour à Hội An, dans des lieux que nous avons connus il y a plus d'un mois, serait si riche en émotion. Je l'espérais un peu, bien sûr, mais, pour être franc, je n'y croyais pas vraiment. Or, nous avons droit partout à un accueil des plus chaleureux. Restaurateurs, serveuses, barmans, loueurs de vélos, marchandes d'eau, personnel à la réception de l'hôtel, jusqu'à la femme de chambre dont le visage s'éclaire et qui nous gratifie de son plus merveilleux sourire ! D'autres s'étonnent que nous nous souvenions encore d'eux, comme si nous pouvions les oublier si rapidement. Certes, nous rencontrons tant de gens en voyage que le souvenir de plusieurs d'entre eux finit par s'estomper, comme on en vient à oublier les traits d'une amante dont on croyait pourtant ne jamais se lasser. Cependant, il suffit d'un regard, quand nous retrouvons une personne que nous avons appréciée, pour que tout ce que nous avons vécu ensemble ressurgisse d'un coup. Non pas chaque instant, évidemment, mais la somme cumulée de tous ces instants : nous nous reconnaissons, ce qui est bien mieux que de faire connaissance. À travers le plaisir mutuel que nous éprouvons à notre rencontre, nous voyons aussi confirmée la justesse de nos sentiments réciproques. Si j'avais jamais pu douter de la gentillesse de mes hôtes, de la qualité de leur accueil, de leur grand cœur — grand ouvert —, je ne le pourrais plus à présent. Le Việt Nam nous a souri un jour et nous sourira toujours.

Joyeux anniversaire !

C'est aujourd'hui l'anniversaire d'Anna, le quatorzième que je partage avec elle depuis que nous formons un couple que ma grand-mère — ta maman — qualifierait toujours d'illégitime. Pourtant, qu'est-ce que cela peut bien vouloir dire d'être marié ou non quand on décide d'assumer conjointement la responsabilité d'élever un enfant ? De toute façon, je ne suis pas certain que tu aurais aimé voir ton fils aîné se choisir une épouse quand le mariage ne t'a apporté, à toi, qu'illusion — notamment celle que ta relation avec mon père pourrait durer toute la vie.

J'aurai pour ma part vécu les premières années de l'âge adulte à une époque où l'on estimait que tout est éphémère, et le couple certainement plus encore que le reste. Cela m'aura bien servi : contrairement à toi, j'aurai eu le luxe de pouvoir vivre au cours de ma vingtaine de bien belles aventures, que je pouvais interrompre à ma guise, quand m'en prenait l'envie. Ce n'était pas toujours si simple de le faire, évidemment, mais c'était tout de même bien plus aisé, j'en suis convaincu, que lorsqu'il faut d'abord passer chez le notaire. Puis, j'allais rencontrer celle que tu considères — même sans mariage — comme étant ta belle-fille, et tout allait changer.

Ce sont là des mots — tout allait changer — qui peuvent paraître exagérés, mais je n'en trouve pas de plus justes pour décrire le gouffre qui sépare mes douze dernières années des douze années précédentes, bien que je sois passé des unes aux autres sans accroc, et même dans une apparence de continuité.

Cette sensation vient sans doute du fait qu'il y avait déjà quelques années que je dansais au bord du précipice, attiré par lui, mais sans oser encore m'y jeter. Or, il fallait bien que je le fasse un jour, comme tu as fait le saut, toi aussi, à ton époque et comme nous le faisons presque tous. D'ailleurs, si je ne devais te confier qu'une seule chose sur mon existence, je te dirais que je n'ai jamais fait de meilleur choix de toute ma vie. C'est un choix qui comporte sa part de difficultés — on ne peut renoncer aisément à certaines libertés —, mais c'est aussi, à mon avis, le seul choix sensé, à tout le moins si l'on veut que notre existence ait un sens, que d'opter pour la vie. Il n'est certes pas nécessaire pour cela de donner naissance — d'autres peuvent s'en charger à notre place —, mais disons que c'est là une jolie façon de le faire, et sans aucun doute une des plus satisfaisantes qui soient.

Évidemment, il n'en était pas encore question, il y a treize ans, lors du premier anniversaire célébré avec Anna. D'ailleurs, peut-être serait-il plus juste d'affirmer, à présent que nous formons une famille, que cet anniversaire d'aujourd'hui est le douzième que nous célébrons tous les trois. Les années passent vite — les belles années, dirait Ferré, quoique, sur ce point, je sais, tellement ça crève les yeux, que tu ne serais pas d'accord avec lui. À ce compte-là, nous en avons d'ailleurs passé de bien belles, car elles ont vraiment filé à toute allure. Je me souviens encore de ta réaction le jour où je t'ai annoncé que nous attendions un enfant. Je ne m'attendais certes pas à ce que tu me sautes au cou, mais je croyais tout de même que cette nouvelle te réjouirait. Or, j'ai dû tout de suite me rendre à l'évidence qu'il n'en était rien. Tu me regardais bouche bée, ne sachant vraiment pas quoi me dire. Cela arrive parfois quand notre joie est trop vive, mais dans un tel cas les mots finissent malgré tout par se bousculer, pêle-mêle, hors de la bouche. Ou alors, ce sont des gestes qui trahissent notre allégresse, des cris, des exclamations ou, à tout le moins, un sourire. Or, il n'y avait rien de tout cela en toi. Il fallait voir ta mine déconfite ! Tu étais muette de stupeur ! C'est peu dire d'affirmer que tu étais encore bien loin d'imaginer tout le bonheur qu'allait t'apporter ton petit-fils... Peut-être te demandais-tu seulement dans quel pétrin je venais de me fourrer. Peut-être refusais-tu d'admettre que la mère de ton petit-fils puisse avoir une autre langue maternelle que la tienne. Ou peut-être, tout simplement, n'avais-tu encore jamais songé que venait l'heure pour toi de devenir grand-mère. C'est déjà toute une épreuve que d'accepter d'avoir mon âge, alors avoir celui d'une grand-maman... Mais à te voir si épanouie aujourd'hui, je ne peux que constater que tout le monde ne partage pas les mêmes angoisses que moi à propos du temps qui fuit. Il faut sans doute pouvoir vivre son âge un certain temps, jusqu'à ce qu'il fasse véritablement partie de soi — ou alors jusqu'à ce qu'il soit déjà du passé — pour l'accepter tout naturellement, sans y penser, comme une chose allant d'elle-même.

Il n'en est pas allé autrement avec ma paternité. Il y a longtemps que je ne sais plus ce que c'est que de ne pas être père. Cela a fini par échapper à ma connaissance, comme un vieux souvenir oublié. Je suis père depuis bientôt douze ans et le resterai jusqu'à la fin de mes jours. Cela vaut bien la peine de célébrer un peu celle qui a donné naissance à mon fils — tu ne me contrediras sûrement pas sur ce point.

Comment arriverons-nous à faire de cette journée une journée différente de toutes celles que nous avons connues au cours de notre voyage ? Il faudrait pour cela que nous nous ennuyions, que personne ne nous sourie plus, que nous ne parvenions plus à être émerveillés par ce pays qui nous donne tant. Ou alors, de façon plus terre à terre, que nous puissions préparer nous-mêmes notre repas, laver nos serviettes et nos draps, faire le ménage de notre chambre et penser à notre boulot, à l'achat d'une maison, un jour, peut-être, ou même d'une voiture — ce serait tout un changement dans nos vies... Mais quand viendra l'heure du souper de fête, nous nous assoirons une fois de plus à la terrasse d'un restaurant, et quelqu'un cuisinera pour nous des plats délicieux.

Un détail, pourtant, donnera sans doute à ce repas d'anniversaire une saveur bien particulière : c'est que nous ressentirons un peu plus qu'à l'accoutumée, j'en suis certain, la nécessité de bien profiter de ces instants que nous passerons ensemble, sachant qu'ils seront parmi les derniers que nous pourrons partager dans ce pays que nous devrons bientôt quitter. Ainsi va la vie. Les belles années, les beaux mois passent vite.

Un amour espiègle

Lorsque nous avons quitté le restaurant pour rentrer à l'hôtel, hier soir, Lan nous a suivis pendant un long moment. Je ne m'en suis pas rendu compte tout de suite. Une heure auparavant, quand elle avait compris que Daniel partirait pour ne plus revenir, elle avait paru très ébranlée. Elle avait d'abord tenté de dissimuler son émotion derrière une des pitreries dont elle a l'habitude, puis avait brusquement tourné les talons. Je l'avais vue se réfugier sous un porche. Elle y était restée quelques minutes, accroupie et tournant le dos à la rue, comme si elle devait s'isoler du monde pour apprivoiser sa douleur. Lorsqu'elle était revenue auprès de Daniel, son regard avait changé : elle était désespérée. Elle ferait certes tout ce qui était en son pouvoir pour ne pas le perdre. Mais elle savait déjà que c'était un combat perdu d'avance.

C'est qu'ils s'aimaient beaucoup, ces deux enfants-là. Je crois même pouvoir affirmer sans me tromper que si Daniel appréciait Lan sans arrière-pensée, celle-ci, en revanche, était sincèrement amoureuse de lui. Quoi qu'il en soit, leur complicité était évidente. Cela en émouvait d'ailleurs plus d'un. Lorsqu'ils arpentaient la rue en compagnie de quelques autres enfants que leur gaieté attirait immanquablement, jouant à cache-cache, se poursuivant les uns les autres, faisant des acrobaties, s'inventant je ne sais quel théâtre, tous les gens qui flânaient dans les environs n'en avaient que pour eux. On les dévorait littéralement des yeux.

Il est vrai que leur amitié était belle à voir. Essaie d'y songer un instant : elle, toute menue mais tellement énergique, le sourire espiègle accentué par ses jolis yeux en amande, les cheveux noirs d'ébène, la peau foncée, bien plus sombre en fait que celle de la majorité des Vietnamiens et des Vietnamiennes, rieuse, impatiente, obstinée ; et lui, aussi mince qu'elle, et comme elle faisant montre d'une énergie peu commune, le sourire avenant, les prunelles noires, les cheveux châtains, la peau très blanche, rieur, spontané, impulsif. Ils formaient un couple peu orthodoxe. Très vite, ils en étaient venus à ne plus vouloir se quitter, se donnant rendez-vous chaque soir sans prendre la peine de nous consulter. Comment faisaient-ils pour si bien se comprendre alors qu'ils n'avaient que quelques mots en commun ? Ce mystère en épatait plus d'un, et je ne serais pas étonné qu'une bonne part de l'attendrissement général en dépendît : ces deux êtres étaient nés aux antipodes, et pourtant ils s'entendaient à merveille.

Malheureusement pour Lan, Daniel ne pouvait pas passer le reste de ses jours au Việt Nam. Sa vie est ailleurs : nous n'y sommes que de passage. Elle l'a saisi confusément. Cependant, comme elle n'a jamais quitté Hội An, il lui était difficile d'envisager notre séparation avec la même lucidité froide et distante que la nôtre. Au cours de la dernière heure de cette ultime soirée, elle a donc proposé à Daniel de rester avec elle : « Au diable tes parents ! lui a-t-elle dit en substance. Tu seras accueilli par ma famille et nous dormirons sous le même toit. Tu verras, tu n'y manqueras de rien. On y mange très bien. Et puis, tu sais, mon père vient tout juste d'acheter une télévision. Elle sera livrée demain matin. »

Daniel était en train de nous raconter tout cela lorsque j'ai constaté qu'une ombre nous suivait, à cinquante mètres de distance, par les rues sombres et étroites de la ville. Il était tout près de vingt-trois heures, et nous avions déjà marché près de vingt minutes depuis que nous avions quitté le restaurant pour regagner notre hôtel. Quand je l'ai aperçue, elle a eu un mouvement de recul et s'est cachée derrière un poteau. Daniel voulait courir à sa rencontre, mais nous l'en avons dissuadé, sans savoir si nous prenions ce faisant la bonne décision. Il a tout de même agité les bras pour lui souhaiter un dernier adieu. Elle est alors sortie de sa cachette et a répondu d'un geste timide de la main. Puis, elle est repartie se dissimuler à l'angle d'une maison. Quand elle en est ressortie, nous n'étions déjà plus pour elle que de lointaines silhouettes.

J'ai senti ma poitrine se serrer. Daniel pouvait bien n'avoir que onze ans, il brisait déjà le cœur d'une fille.

Ma langue dans ta bouche

Vu à la télévision : deux amoureux qui s'embrassent éperdument au cours d'un épisode de téléroman d'un kitsch insupportable. Fidèle à mes habitudes, j'émets un commentaire empreint de cynisme.

— Papa ! déplore Daniel en adoptant un ton ironique, pourquoi faut-il chaque fois que tu viennes gâcher le romantisme de la scène !

Anna sourit, l'air de dire : « Bien fait pour toi. » Mais en examinant un peu Daniel, qui me regarde d'un air angélique, je saisis qu'on n'en a pas fini avec mes commentaires désabusés. Ton petit-fils, j'en mettrais ma main au feu, prendra peu à peu ma relève. Bonne chance à tous !

L'âme du pays

Nous voici de retour à Hà Nôi, d'où nous nous envolerons dans moins de quarante-huit heures. Le temps qu'il nous reste sera insuffisant pour me permettre de saisir enfin l'âme de ce pays. Cependant, je ne m'en fais pas outre mesure : cela n'était pas mon intention.

Mes hôtes resteront donc toujours pour moi des inconnus, même s'ils ne sont plus tout à fait des étrangers, puisqu'ils m'ont tout de même dévoilé quelques-unes de leurs facettes. Rapport au pouvoir, à l'argent, à l'environnement, rapport au temps, rapport aux autres — hommes, femmes et enfants, riches et démunis —, rapport à soi-même, quand je dresse la liste de toutes mes incompréhensions, je ne peux que me rendre compte de mon inaptitude à cerner qui sont ces gens qui nous auront accueillis durant les cent jours qu'aura duré notre voyage, alors même que je les aurai aimés. Qui sont ces êtres, à quoi aspirent-ils ? Étrangement, plus je les côtoie, plus je m'imprègne de ce en quoi ils diffèrent de moi, et plus nos différences s'estompent. Je ne distingue plus rien. Il n'y a plus qu'eux et moi, toutes personnes confondues, et notre même humanité.

Une poussée de fièvre

Daniel est un « très bon » malade. Il ne se plaint jamais et fait contre mauvaise fortune bon cœur. Pour un peu, nous ne saurions rien des maux qui l'affligent. Cependant, comme nous le prions de nous aviser du moindre de ses malaises, il s'y applique consciencieusement, ce qui permet d'atténuer un peu nos craintes de ne pas réagir à temps devant l'urgence. Quand une soudaine poussée de fièvre l'oblige à nous réveiller, il le fait donc, mais en s'y prenant doucement, en nous assurant qu'il est vraiment désolé des désagréments que sa maladie nous apporte, en s'excusant même de nous déranger. En fait, il se montre d'une extrême délicatesse. Il devient la gentillesse incarnée.

Il n'est pourtant pas facile, même pour le bourlingueur le plus incorrigible, de devoir affronter, durant quatre jours consécutifs, comme ton petit-fils l'a fait récemment à Bắc Hà, une fièvre d'origine inconnue, à plusieurs heures de route de l'hôpital le plus proche, dans un pays supposément infesté par d'innombrables maladies infectieuses contre lesquelles les médecins vous ont longuement mis en garde — paludisme, dengue, typhoïde, méningite, encéphalite japonaise, hépatite virale, tuberculose, et j'en passe. Alors, pour un petit bonhomme comme lui...

Il les a néanmoins combattues courageusement, ses poussées de fièvre, dans cette petite ville de montagne qu'on avait trouvée figée par une vague de froid sans précédent, un froid qui nous faisait grelotter jusque sous les couvertures où nous essayions de nous réfugier, dans notre chambre sans chauffage, sans compter la pluie battante qui nous trempait jusqu'aux os dès que nous osions mettre le nez dehors. Jamais il n'eut même un seul mot pour déplorer le mauvais sort qui s'acharnait sur lui. Il faisait preuve, au contraire, d'une patience inébranlable. Et il a fini par sortir vainqueur de l'épreuve de force que lui livraient ces satanés microbes.

Or, quinze jours plus tard, alors que nous nous apprêtons à quitter le Viêt Nam et nous faisons une fête de célébrer dans l'allégresse les derniers moments de notre séjour dans ce pays, voilà que la fièvre s'attaque encore à lui. Il prend la nouvelle avec philosophie : « Trente-neuf degrés, semble-t-il nous dire, cela n'est rien. Il ne s'agit cette fois-ci que d'une toute petite fièvre. Je ne peux que sortir grandi de cette bataille. »

C'est contre l'inquiétude qu'Anna et moi livrons la nôtre. Pourtant, Daniel, par son attitude, ne cesse de s'écrier : « Certes, j'ai mal à la tête, mal au cœur, mal au ventre, j'ai chaud, j'ai froid, je me sens faible, mais demain, je serai guéri. Et je regagnerai Québec la tête et le cœur pleins de merveilleux souvenirs. »

Même affaibli par la maladie, il ne lui viendrait pas à l'idée de nous reprocher de l'avoir entraîné dans une telle galère. Bien au contraire : il trouve encore la force de remercier le ciel pour ce fabuleux voyage que nous aurons vécu ensemble tous les trois. Le ciel ? Pour ma part, c'est plutôt mon fils que j'ai envie de remercier…

Un café bien corsé

Comme il est doux de siroter ce café noir, corsé, si savou-
reux quand on n'est pas gêné de nous le servir à la vietnamienne, dans ce petit filtre ingénieux posé directement sur la
tasse où il percole lentement, goutte à goutte, comme on
voudrait que s'écoule le temps. Mais le temps va trop vite, et
déjà sonne l'heure de boucler nos valises et de retourner à la
maison. Adieu ! L'ère de l'espresso qui file à toute vapeur est
bientôt revenue.

Épilogue

J'ai toujours vu mon père de dos. Quand nous rentrions à la maison, au retour d'un de nos voyages de pêche, il sortait tout de suite les bagages de la voiture, puis en descendait quelques-uns au sous-sol, sans un regard pour moi. Je le suivais de mon mieux, des sacs plein les bras. Mais je trébuchais, marchais sur mon lacet, butais contre les paquets. Et j'étais chaque fois trop lent pour lui.

Trente ans plus tard, c'est un taxi qui me dépose devant chez moi. Et c'est mon propre fils, cette fois, qui m'accompagne, au terme d'un merveilleux voyage au bout du monde. Animé par une joie qui ne connaît pas de bornes, il sort immédiatement du véhicule, s'empare de mes clefs et, sans se soucier de nos sacs à dos, se précipite à la porte de notre appartement. Il l'ouvre en vitesse et gravit les marches de l'escalier à vive allure. Je l'entends crier :

— Grouille-toi, papa !

Je souris d'un bonheur indicible. Il a tout à fait raison. Revenir chez soi, retrouver sa demeure, ses parents, ses amis, c'est aussi une bien belle aventure...

Table

Cet ouvrage
composé en Times corps 12 sur 14
a été achevé d'imprimer
en mars deux mille huit
sur les presses de

(Québec), Canada.